逻辑学
入门很简单

兰晓华◎编著

人 民 邮 电 出 版 社

北 京

图书在版编目（CIP）数据

逻辑学入门很简单 / 兰晓华编著. —— 北京 ：人民
邮电出版社，2017.8
ISBN 978-7-115-45757-8

Ⅰ．①逻… Ⅱ．①兰… Ⅲ．①逻辑学 Ⅳ．①B81

中国版本图书馆CIP数据核字(2017)第148347号

内 容 提 要

本书以图文并茂的形式对逻辑学知识进行了阐述，通俗易懂，且各章节之间既连贯又保有一定的独立性。每章节分为理论知识、例题训练、有趣故事3个部分，全方位讲述相关的逻辑学知识，在理论知识中把逻辑学原理和现实生活中的例子相结合，在例题训练中精挑细选既有趣又有一定难度的逻辑例题，在有趣故事中精选了包含逻辑学原理的各类故事，让读者在既好玩又不浮夸的氛围中学到真正实用的逻辑学知识，锻炼自己的逻辑思维，学会有逻辑地分析问题。

本书在力求科普逻辑学知识的同时又保有一定的趣味性，而在力求"好玩"的同时又确保了理论知识的准确和连贯，特别适合想要学习逻辑学知识、想要锻炼逻辑思维等的读者阅读使用。

- ◆ 编　　著　　兰晓华
  责任编辑　　恭竟平
  责任印制　　周昇亮
- ◆ 人民邮电出版社出版发行　　北京市丰台区成寿寺路 11 号
  邮编　100164　　电子邮件　315@ptpress.com.cn
  网址　https://www.ptpress.com.cn
  涿州市般润文化传播有限公司印刷
- ◆ 开本：880×1230　1/32
  印张：7.5　　　　　　　2017 年 8 月第 1 版
  字数：216 千字　　　　2025 年 4 月河北第 33 次印刷

定价：35.00 元

读者服务热线：(010)81055296　印装质量热线：(010)81055316
反盗版热线：(010)81055315

逻辑学是一门基础性学科，但是在我们从小到大的教育中，逻辑学并没有被单独列为一门普适性的基础课程，这就造成许多人对这门学科知之甚少，甚至有人误认为它是一门枯燥难懂的学科。其实，逻辑学的基础知识就隐藏在我们的日常生活中，它的基础理论并不高深，而本书的写作初衷就是要揭开逻辑学的神秘面纱，用我们生活中发生的实实在在的例子，用有趣又有点儿难度的逻辑题目，用我们所熟知的各类故事，来阐述逻辑学的基础理论。

近年来，一方面，逻辑越来越受到人们的重视，像用人单位的招聘、公务员的行政能力测试考试、大学的自主招生考试，都离不开对人的逻辑能力的考察。而另一方面，就是各种反逻辑的现象也随着网络而到处传播。我们打开自己的朋友圈，常能看到的"不转就是不爱父母"的这类信息，就是典型的反逻辑现象。为什么会出现这种局面呢？正是因为大多数人以为只有在工作、学习中才需要逻辑，而在生活、娱乐中就不用再考虑逻辑了。

在这个信息爆炸的社会，人人都要懂点逻辑学，练就一双"火眼金睛"，用来鉴别身边所接触到的各类信息，不要掉入"强盗逻辑"的圈套。可以说，不讲逻辑的人，无论是做事还是说话都不会很顺畅，而且很难保持自身思想的独立性，容易受到外界"强盗逻辑"的干扰，有时候还不知不觉成了"帮凶"。

虽然市场上逻辑学方面的书已经很多了，有的是逻辑学入门的教材，有的是科普类的通俗读物，也有一些有关逻辑训练的书，但是你如果只看一种类型的书，就会错失逻辑学中很多有意思的内容。比如，如果只看入门级别的逻辑学教材，那你往往很难坚持下来，也体会不到学习逻辑学的快乐，而且容易脱离实际；如果只看那些浅显的、不成系统的入门读物，又难以在脑海里形成一个完整的逻辑理论框架，学到的大多都是零散的知识点，这些最终也只是看过就忘；如果只选择一些逻辑训练的书，则可能造成欲速而不达的后果，缺乏理论的基础。

看过上面各种类型的逻辑学读物你会发现，要讲解清楚一个逻辑学原理，没必要只讲理论，我们身边每天都有大量的逻辑学素材供我们引用；而且，只讲好逻辑学理论也是没有用的，还不能深入读者的脑海使其形成逻辑思维，这时候就需要用逻辑题目来进行训练了；此外，逻辑思维练好了还要回到生活呢，本书用生活中的故事来为你提供一个绝佳的应用环境。

如何让读者从一本书中既能够对逻辑学的理论基础有大致了解，又能够体验到逻辑学的乐趣，学到如何在生活中应用，还能通过例题来练习逻辑，通过故事来玩出逻辑呢？特别是，如何将这些有机地整合在一起，让读者在轻松好玩的氛围中真正学到逻辑学的干货，锻炼自己的逻辑思维呢？

本书力求解决上面的问题，是广大读者的逻辑学入门选择。本书针对广大徘徊在逻辑学门外的读者，用一种简单好玩但又知识含量十足的方式为他们打开逻辑学的大门，消除读者对于生涩理论知识的恐惧，充分激活读者脑海中本来就有的逻辑思维火花，让读者在既好玩又不浮夸的氛围中学习到真正实用的逻辑学知识，锻炼自己的逻辑思维，学会从逻辑的角度分析具体问题。

本书内容及体系结构

本书共分为 14 章，第 1 章是让大家玩转逻辑学的开始，讲到了逻辑学在生活中的实用性，提到了逻辑学家们的有趣故事。从第 2 章开始，每章都围绕一个逻辑学原理而展开，分为认识理论、逻辑训练和逻辑故事 3 个部分。

在"认识理论"部分，围绕一个大的逻辑学原理，讲解一些基础理论知识，同时结合生活实际，穿插进去很多小例子，让读者充分感受到与生活息息相关的逻辑学理论。

在"逻辑训练"部分，精选了和本章理论知识相关的 10 道左右的例题，这些例题都是从各类考试真题中挑选出来的，比如，在职硕士生入学考试、国家公务员行政能力测试、名企笔试、名校自主招生的笔试等，目的是让读者能够通过一些有趣但又有点难度的题目训练自己的逻辑思维。

在"逻辑故事"部分，挑选了和本章理论知识相关的 5 个左右的小故事，这些小故事都是一些民间传说、寓言典故或者名人趣事，目的是让读者感受到逻辑学在故事里的应用。

本书特色

1. 理论详略得当，学习逻辑知识

本书抛开深奥的理论化条文，除了必备的基础理论知识介绍外，绝不贪多求全，特别强调实用性和趣味性，也不追求逻辑理论的深度。对于重要的、实用的逻辑学知识，就从各个方面充分地进行阐述，并且还把它们连贯起来，与相关的例题、故事相呼应；对于一些比较深入、又不常用到的理论知识，就进行粗略的介绍，一笔带过了。

在每个章节中，都省去了很多苦涩难懂的逻辑学术语，只留下一些最基本、最常见的逻辑概念。这样就不用担心不能理解逻辑学的理论了，因为重点讲的是理论知识，我们生活中早就见过了；也不用担心只是书本上死板的条文，本书所讲的重点都是能够马上应用的。

2. 例题精挑细选，锻炼逻辑思维

全书例题加起来共有 130 道左右，涵盖了各个重要的逻辑学原理，知识性和趣味性并重，都是一些耐人寻味的经典逻辑学题目，并且都配上了专业的答案解析。

每章 10 道左右的例题训练，题量适中，不求多，只求精，并且生动有趣，让读者可以在了解理论知识后，在好玩又有趣的氛围中，思维马上得到锻炼，从而加深理解和记忆。

3. 故事好玩有趣，应用逻辑思想

全书的小故事加起来共有 70 个左右，涵盖了各个重要的逻辑学原理，有些是大家耳熟能详的有趣故事。对于这些故事，本书站在逻辑学的角度讲解了故事里面包含的逻辑学思想，保证让读者耳目一新，印象深刻。

每章 5~6 个小故事，既没有喧宾夺主，又能够让读者对逻辑学的应用有很深的了解，揣摩其中的逻辑学思想，学习他人的逻辑智慧。

本书读者对象

- 大、中专院校的学生
- 销售和营销人员
- 城市白领工作者
- 企业的管理者

关于作者

兰晓华：长期从事逻辑学研究工作，现任广东省粤商经济研究院院长、中国农民大学虎门电影学院院长，兼任香港中文大学研究员、北京大学深圳研究院客座教授，先后担任王老吉、真功夫、博时基金、京东、搜于特等 10 多家企业战略顾问，曾任大连市政府城市营销顾问。

第5章　由多个简单命题构成：复合命题

第6章　最常用的演绎推理：三段论

第7章　更复杂的演绎推理：复合推理

第11章 必须遵循的逻辑准则：逻辑规律

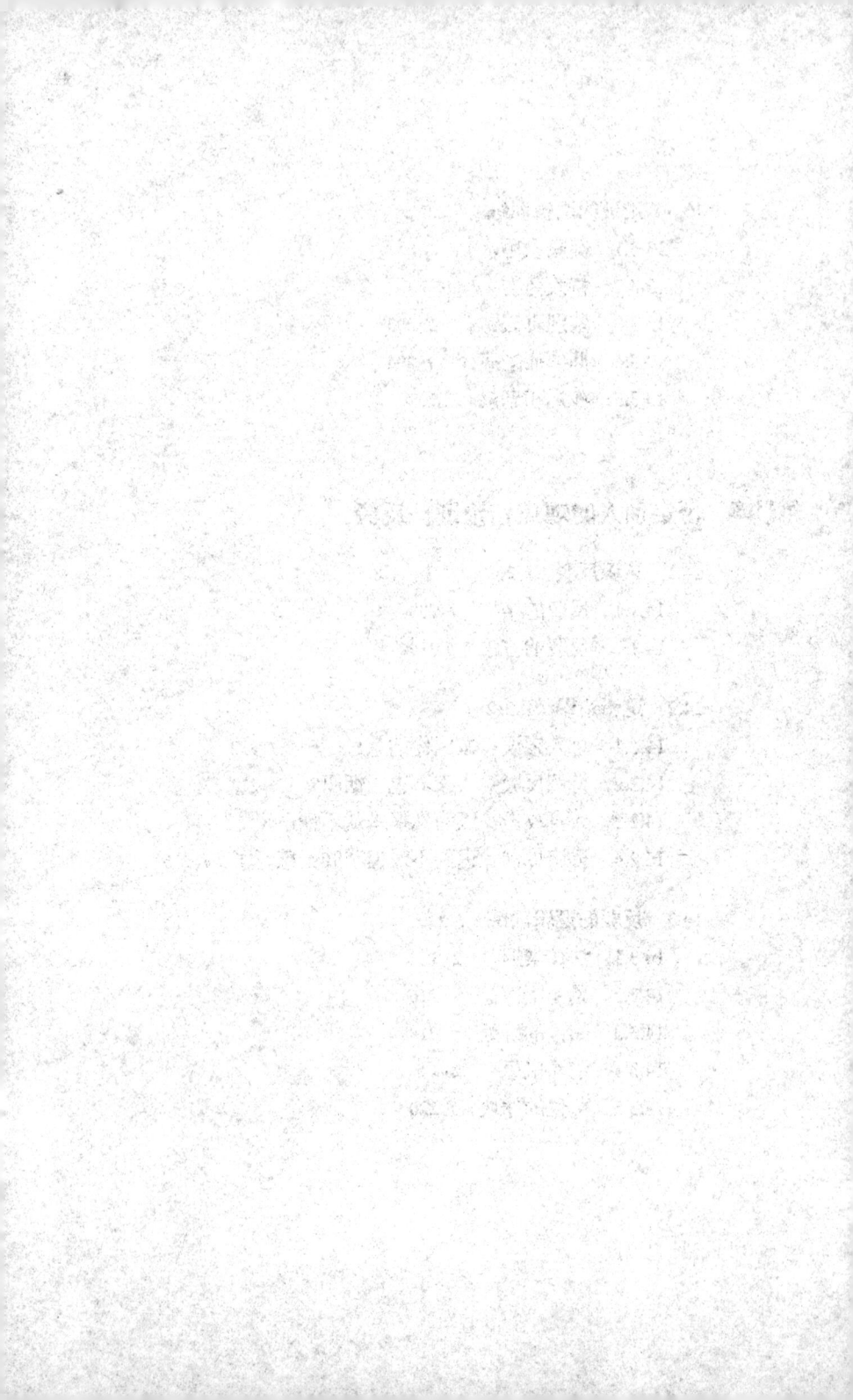

第 1 章

为什么要懂点逻辑学

01

　　"逻辑"是什么？它是我们思考所要遵循的一种规则。逻辑学是一门基础性学科，它并不能教会我们具体的科学技术，但是能够教会我们应当如何思考。一个不懂逻辑的人，就是不会自主思考的人。要学会思考，就先学点儿逻辑学吧！

1.1　这些逻辑问题你会做吗

　　以前，有位智者得罪了一位国王，这个国王就想了一个办法处死这位智者。国王对智者说："听说你很聪明，现在让你猜我在想什么，猜对了就饶了你，猜错了就处死你。"这个智者想了一下，只回了一句话，国王就不得不饶了智者。

　　你知道这位智者的回答是什么吗？

　　看了上面这个问题，你是不是会觉得这根本是不可能的事？你想说，国王的问题是自己心里想的是什么，这个问题的真正答案，恐怕只有国王自己才知道！这个问题又没有其他提示，该让智者从何处着手呢？再退一步说，即使智者费尽心思，真正猜中了国王心里想的，那又怎样，因为最后的决定权还是在国王手里。如果国王坚持说智者的回答不是自己所想的，智者也无法辩驳，因此他也是难逃一死，如图1-1所示。所以说，如果智者回答错了，肯定会被处死；如果智者回答对了，国王否认，智者也无法辩驳，还是会被处死。

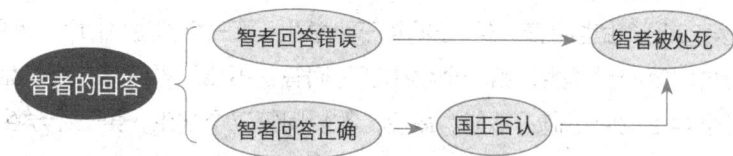

图 1-1　智者无法自救

　　这是个无解的难题吗？其实不然，上面的分析只是我们的惯性思维罢了，没有经过深入的逻辑思考。这个问题的关键不在于能够准确猜出国王心里在想什么，况且这也是一件不太可能做到的事。那么，没有猜出来，国王也能饶得了智者吗？是的，如何设置一个回答让自己避免被国王处死，这就是问题的关键，假设国王否定了智者的回答，也就说明，国王必须承认这个回答的反面就是自己所想的，如图 1-2 所示。题中的智者正是巧妙地利用了这一点，给出的回答是"国王想处死我"。此时，国王如果承认智者的回答是正确的，得饶了智者；如果认为智者答错，也就承认自己并不想处死智者，因此也必须饶了智者。

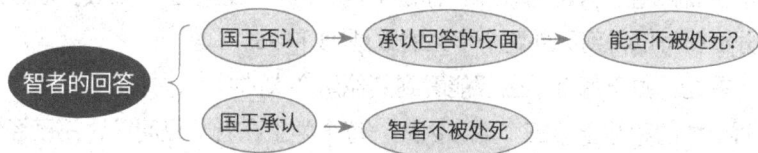

图 1-2　智者能够自救

　　逻辑教会人如何思考，让人从更加全面的角度来分析问题，经过严谨的推理得到结论。例如，上面这个题目中就运用到了负推理、两难推理等逻辑知识，这些都是日常生活中经常用到的推理形式。下面还有一个同样有趣但更具挑战性的逻辑题目：

　　一天，教授给三个学生出了一道题，在每个人脑门上贴了一张纸条并告诉他们每个人的纸条上都写了一个正整数，其中两个数的和等于第三个。每个人只能看见另外两个数，而看不见自己的数。教授问第一个学生：你能猜出自己的数吗？第一个学生回答：不能。然后问第二个学生，第二个学生也回答：不能。问第三个学生，第三个学生也回答：不能。教授再问第一个学生，第一个学生还是回答：不能。再问第二个学生，第二个学生也回答道：不能。最后，教授问第三个学生，第三个学生兴奋地答道：我猜出来了，是144。教授满意地笑了。三个学生的回答情况见表1-1。

你能猜出另外两个人的数吗？

表1-1　三个学生的回答情况

教授	你能猜出自己的数吗？		
学生	第一个	第二个	第三个
第一轮	不能	不能	不能
第二轮	不能	不能	能，144

教授先轮流问三个学生，大家都不知道，怎么第二轮问下来，第三个学生就知道了自己的数呢？你是不是觉得有点迷糊了？其实，通过逻辑分析就可以得到另外两个学生的数是48和96。

首先，由于每个学生都能看到其他两个人的数字，并且三个数之中有两个数的和等于第三个数，因此，每个学生在老师提问前，便已经知道了自己的数只能是这两种可能：要么是看到的两个数之和，要么是这两个数之差。教授进行第一轮提问时每个人都回答"不能"，也就说明他们还不能确定自己的数是两种可能中的哪一种，也就有可能是看到的两个数的差。这就说明每个学生看到的两个数都是不相等的，如果看到的两个数相等，它们的差是0，也就很容易确定自己的数就是这两个数之和，因为老师给出的这三个数都是正整数，如图1-3所示。

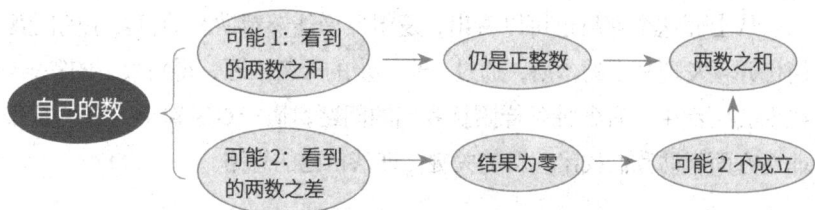

图 1-3　看到的两个数相等，则能猜出自己的数

接着，教授进行了第二轮提问，前面两位都不能猜出，只有第三位同学成功猜出了自己的数是 144。根据前面的结论，教授进行第二轮提问时，这三人必定都知道了他们的数是各不相同的，因为只要有相同的两个数，在第一轮看到这两个数的人就能够确定自己的数字。因此，他们各自的脑海中都还是有两种可能。然而，第三位同学成功猜出数字，因此，他一定是排除掉了其中一种可能。

那么，他是排除了哪种可能呢？第三个学生已经知道三个数都不相等，如果自己的数是看到的两个数之和，那么这三个数始终不可能相等，这种可能还不足以排除，因此，第三个学生应该是确定了自己的数不可能是看到的两个数之差。他之所以这么确定，只能是看到的两个数之差恰好等于那个减数，也就是其中一个数恰好是另外一个数的 2 倍，因为这样的话，如果自己的数也是这两个数之差，就会有两个数相等了，这与前面的结论相矛盾。现在我们都知道三个数互不相等，并且 144 是另外两个数的和，并且其中一个数是另外一个数的 2 倍，很容易就能得到这两个数分别是 96 和 48，如图 1-4 所示。

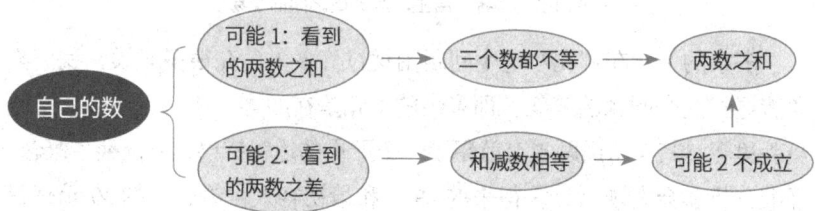

图 1-4　看到的一个数是另一个的 2 倍，才能猜出自己的数

从上面这个题目也可以看出，逻辑严谨能够帮助我们将复杂的问题简化并且发现其中的本质，通过一步一步的严密推理，得到最终的答案。在现实生活中，有各种各样困扰我们的问题，懂一点逻辑学，至少能在理性方面帮助我们找出问题的关键，理清自己的思路。

1.2　这些逻辑错误你认识吗

有三个人去住旅馆，住三间房，每一间房 10 元，于是他们一共付给店主 30 元。第二天，店主觉得三间房只需要 25 元就够了，于是叫服务员退回 5 元给三位客人。谁知道服务员贪心，只退给每个人 1 元，自己偷偷拿了 2 元。这样一来就等于那三位客人每人各花了 9 元，于是三个人一共花了 27 元，再加上服务员独吞的 2 元，总共是 29 元。可是当初他们三个人一共付给店主 30 元，那么剩余的 1 元在哪呢？旅客、店主、服务员之间的交易如图 1-5 所示。

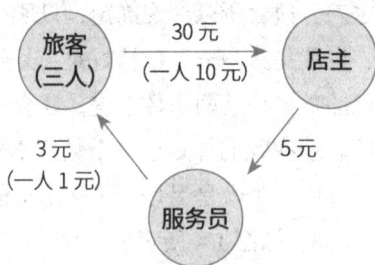

图 1-5　旅客、店主、服务员之间的交易

多余的 1 元在哪呢？这个问题困扰过许多人，在很多时候，我们都急着寻找这个问题的答案，那多余的 1 元是在顾客、在店主还是在服务员手里呢？其实这道题本身就犯了一个严重的逻辑错误，它偷换了概念。仔细分析就会发现，计算得来的 29 元和最初客人付给店主的 30 元有着不同的含义。在计算得到 29 元的过程中，客人花的 27 元中就已经包括

了店主得到的 25 元和服务员独吞的 2 元，后面又加上服务员独吞的 2 元，也就是说这 2 元计算了两次，因此，这是在混淆视听，是违反逻辑的。后面应当加上的是经过店主和服务员之后返还到他们手里的钱，也就是 3 元，从而得出仍然是 30 元，和最开始付给店主的是一样的，如图 1-6 所示。

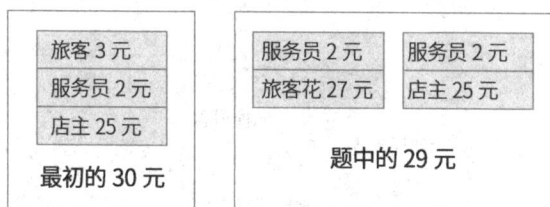

旅客 3 元		服务员 2 元	服务员 2 元
服务员 2 元		旅客花 27 元	店主 25 元
店主 25 元			
最初的 30 元		**题中的 29 元**	

图 1-6　服务员私吞的 2 元计算了两次

　　像上面这个例子中犯的是"偷换概念"的逻辑错误，现实生活中也有许多地方犯了"偷换概念"的逻辑错误，如图 1-7 所示。例如：一些超市里面买一赠一的促销套装，其实不过是将两种商品的价格简单相加，再贴上"买一赠一"的标签罢了，并不见得比分开买更优惠；还有许多"特价商品"的价格每天都是"特价"；在"双 11"购物节，网上一些商品经过了预先的提价，然后再进行最低至五折的折扣优惠，和平时的价格相比，其实并未达到相应的优惠力度……

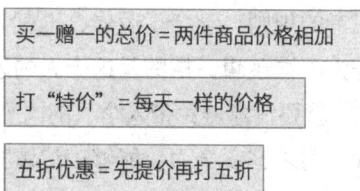

买一赠一的总价 = 两件商品价格相加

打"特价" = 每天一样的价格

五折优惠 = 先提价再打五折

图 1-7　"偷换概念"的一些套路

　　除了"偷换概念"，现实生活中到处都可以见到各种各样的逻辑错误，比如夸大事实的"滑坡谬误"、啰唆重复的"循环论证"、歪曲论点的"草人谬误"等，如图 1-8 所示。生活中遇到的种种逻辑错误，有的是故意为之，以达到自己的某种目的，如同上述例子一样，有的则是因为缺乏逻辑思维造成的。当然，我们自身在很多时候也会犯一些逻辑上的错误。因此，学一点逻辑学知识，除了能帮助我们分析问题、理清思路外，还有一大好处：帮助我们避免逻辑错误，提高自己说话和思考的严谨度，以及帮助我们识别他人的逻辑错误，不被别人忽悠。

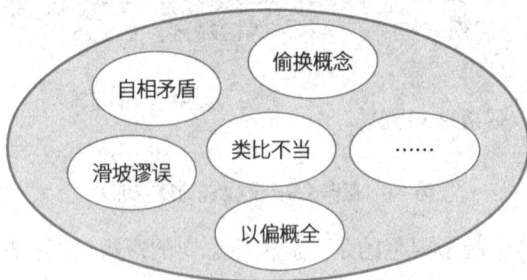

图 1-8　常见的逻辑错误

1.3　到底什么是逻辑

前面都在说学习逻辑的好处，说了这么多，那么，到底什么是逻辑呢？逻辑学里面有哪些内容值得我们学习呢？该怎样来学习呢？

逻辑就是理性思考的规则，学会了逻辑，也就学会了如何更加合理地思考。我们说一个人不懂逻辑，指的是这个人的思考不符合理性的规则。因此，要讲逻辑，就要注意避免带入个人的情感因素或者极端思想，而要讲事实、讲道理，力求客观全面，能够表达事物的本质。例如，小明比小王学习刻苦，因为每次考试的前一晚小明相比小王都要学得更久。这个论证仅仅拿考试前一晚的差别来进行判断，而忽视了两个人平时的学习情况，这就是不讲逻辑了，因为学习刻苦更反映为大多数时间在学习上的付出。总之，一个讲逻辑的人，表现出来的一定是严谨的作风和公正的态度，说话做事都应经过推敲。

　　如果觉得自己逻辑上不够严谨，缺乏逻辑思维，也不用太过担心。人的逻辑思维并不是先天形成的，而是后天锻炼出来的，只要一步一步勤于练习，自己的逻辑思维能力就一定能从本质上得到提高。在加强逻辑思维的时候，学习逻辑学知识是最可靠的方法。逻辑学当中关于概念、命题、推理和论证的知识，能够让我们的逻辑思维更加系统化，如图1-9所示。

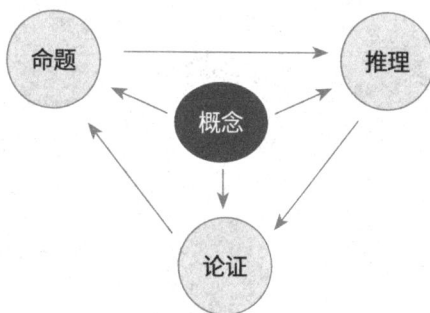

图 1-9　逻辑学主要知识

第 2 章

如何给一个事物下定义：概念

02

　　讨论逻辑学要从概念开始，逻辑学中的命题、推理、论证等都离不开概念。通常，我们所说的一个事物的概念指的就是它的定义。只有弄清楚了概念，才不会被一些"偷换概念"的伎俩所欺骗。

2.1　认识概念

　　概念是逻辑学中最基本的元素。认识逻辑需要从认识概念开始。在日常生活中，人们的思维和交流也都离不开概念。对于概念，不仅要掌握它们独特的含义和所指的外延，而且要弄懂它们之间的关系。

2.1.1　概念是什么

　　作为最基本也最常见的逻辑元素，概念和人们的日常生活息息相关。比如，"最近怎样"这句话中"最近"和"怎样"都可以视为概念，"小明在跑步"中"小明"和"跑步"同样可以视为概念，如图 2-1 所示。我们在学习一门新的学科时，往往也是从理解最基本的概念开始的。

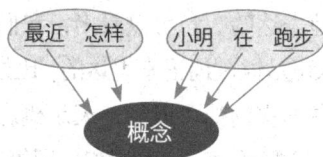

图 2-1　生活中的概念

　　概念就是我们大脑思维的最基本的形式。我们所说的话，我们所想的事情，我们的大脑所进行的一切思维活动，都是通过一个概念来具体表现的，如图 2-2 所示。例如，当我们在看书时，书本上的一些词语就会在我们脑海里形成概念，这样才能理解书本上的内容；当我们在计算时，那些数字和运算符号也在我们脑海里形成了对应的概念，这样才能得到运算的结果。

图 2-2　思维活动离不开一个个概念

　　那么，概念是怎么产生的呢？我们看到的、听到的、嗅到的等感性的认识，通过抽象地概括也就得到一个事物的概念了。例如，当你看到一朵玫瑰花，你能看到花瓣鲜艳的红色，你能嗅到花朵的芬芳，你触摸它的茎时会感觉被刺到，还能观察到其他方面，比如花的习性、生长周期等，这些直观、感性的认识和一些其他信息通过大脑概括出来，就可以用来回答"什么是玫瑰花"的问题了，这个时候就形成了"玫瑰花"的概念，如图 2-3 所示。

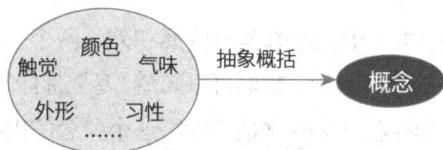

图 2-3　怎样形成"玫瑰花"的概念

那么，概念是如何表达的呢？可以看出，我们前面讲过的这些概念都是一个个词语，概念正是通过词语来表达的，比如"吃饭""跑步""漂亮的"等。一般我们说的实词都可以用来表示概念，因为它们有实际的含义。实词包括名词、动词、形容词、量词和代词等，如图2-4所示。然而，虚词是没有实际含义的，因而不能用来表达概念，比如"了""的""得"等。虚词一般包括介词、连词、助词、叹词和拟声词等，如图2-5所示。

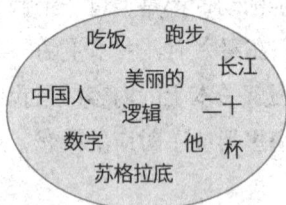

图2-4　实词都是概念　　　　图2-5　虚词都不是概念

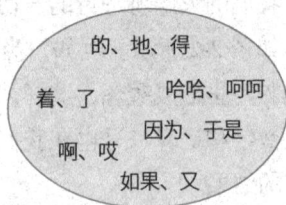

概念和词的具体关系是比较复杂的。首先，同一个概念可以由不同的词来表示，如"去世""逝世""死亡"表示的是同一个概念，如图2-6所示；其次，同一个词语在不同情境下所表达的概念也可能是不同的，比如"小米"既可以表示一种谷物，又可以视为某一手机品牌，如图2-7所示。

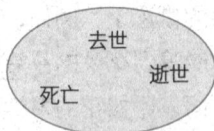

图2-6　不同词语表示同一概念　　图2-7　同一词语表示不同概念

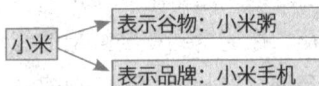

2.1.2　概念的特点

我们所讨论的每一个概念都具有内涵和外延两个基本特征。例如，当我们谈论"鸟"这个概念时，我们可以知道"鸟"拥有"有羽毛""卵生"和"脊椎动物"等特点，这些就是"鸟"这个概念的内涵；也可以知道"鸡""鹅"和"喜鹊"都是"鸟"，这些就是"鸟"这个概念的外延。

概念"鸟"的内涵和外延如图 2-8 所示。

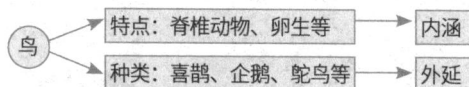

图 2-8　概念"鸟"的内涵和外延

　　总结起来，概念的内涵就是指这个概念的具体含义，就是事物"有什么特点"；概念的外延是指这概念包含了哪些事物，也就是"包含什么"。

　　内涵或外延不同，显然是不同的概念。概念内涵的多少和外延的大小成反向关系，当一个概念的内涵增多时，它的外延就会相应地缩小；反之，如果一个概念的内涵减少，那么它的外延就会随之扩大。

　　例如，在春秋战国时代公孙龙"白马非马"的诡辩故事中，"白马"相对于"马"来说，它的概念的内涵增加了"白色"，因此，"白马"的外延要比"马"这一概念的外延小。"白马"的外延是全部在"马"的外延之中的，因此，"白马非马"是种诡辩，如图 2-9 所示。

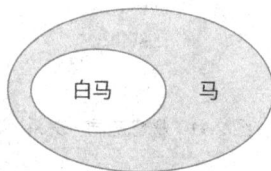

图 2-9　马和白马的外延

2.1.3　概念的关系

　　如果两个概念之间至少有一部分外延是重合的，我们就说它们之间的关系是相容关系。比如，"鸟"和"鸵鸟"是相容关系，因为它们的外延重合的部分就是"鸵鸟"。反之，如果两个概念的外延之间没有任何重合的部分，它们之间不存在任何交集，我们就说这两个概念之间存在不相容关系，也叫全异关系。比如，"鸵鸟"和"蝙蝠"是全异关系，

"鸟"和"蝙蝠"也是全异关系，如图 2-10 所示。

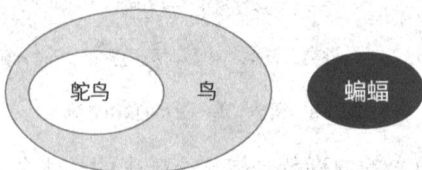

图 2-10　概念的相容和全异

相容关系又可以分为同一关系、从属关系与交叉关系，具体如下。

1. 同一关系

如果两个概念的外延完全重合，那么，它们之间的关系就是同一关系，也叫作全同关系。在同一关系下的两个概念所指的范围是一致的，如图 2-11 所示。通俗地说，也就是两个概念说的是同一回事。例如，"地球最高峰"和"珠穆朗玛峰"，说的都是同一座山峰，两者的外延完全重合；又如"等边三角形"和"三个边相等的三角形"等。

图 2-11　概念的同一关系

2. 从属关系

在两个概念 a、b 之间，如果 a 的所有外延都是 b 的外延，但是 b 的外延不全是 a 的外延，那么，a 与 b 就构成了从属关系。在 a 和 b 的从属关系中，外延较小的 a 叫作种概念，外延较大的概念 b 叫作属概念，其中：a 对于 b 是种属关系；也可以说是 a 真包含于 b，b 对于 a 是属种关系，又叫作 b 真包含 a。

例如，"老年人"和"成年人"之间就构成了从属关系，因为所有的"老年人"都是"成年人"，但是"成年人"还包含了"中年人"等，如图 2-12 所示。在它们之间的关系中，"老年人"是"成年人"的种概念，对于"成年人"是种属关系，即"老年人"真包含于"成年人"；"成年人"是"老年人"的属概念，对于"成年人"是属种关系，即"成年人"真包含"老年人"。

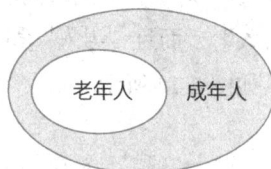

图 2-12　概念的从属关系

3. 交叉关系

如果在两个概念之间，它们的外延仅有一部分是重合的，而且各自的外延都有不重合的部分，那么，这两个概念之间就是交叉关系。用 a、b 表示两个概念，在交叉关系下，即有的 a 是 b，有的 a 不是 b，而且，有的 b 是 a，有的 b 不是 a。

例如，"男人"和"警察"这两个概念就是交叉关系，因为男人当中有警察，也有职业不是警察的，而警察当中又有女警，显然，它们之间存在交叉关系，如图 2-13 所示。

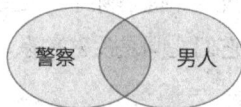

图 2-13　概念的交叉关系

不相容关系（全异关系）又可以进一步细分为矛盾关系和反对关系，具体如下。

1. 矛盾关系

对于 a、b 两个概念，如果它们的外延没有任何部分重合，并且对于它们共同的属概念 c 的外延来说，不是 a，就是 b，即 c=a+b，那么，a 与 b 之间就是矛盾关系。显然，在 a 与 b 的矛盾关系中，有三个概念：

a、b 和属概念 c；a 与 b 都真包含于 c，因为它们的外延都是 c 的外延的一部分，同时，a 与 b 之间没有重合的外延；最后它们的外延加起来就是概念 c 的外延。

例如，"男人"和"女人"，对于它们的属概念"人"，任何一个"人"，不是"男人"，就是"女人"，而且"男人"和"女人"之间互不相容，因此，它们是矛盾关系，如图 2-14 所示。

图 2-14　概念的矛盾关系

2. 反对关系

对于 a、b 两个概念，如果它们的外延没有任何部分重合，并且对于它们的属概念 c 的外延来说，a 与 b 的外延只是其中一部分，即 c>a+b，那么，a 与 b 之间就是反对关系。

作为另一种不相容关系，它和矛盾关系不同的地方在于 a 与 b 的外延加起来也只是属概念 c 外延的一部分，而不是全部。比如，"正数"和"负数"，它们的属概念是"数"，但是除了"正数"和"负数"，"0"也是"数"的外延，因此，它们之间是反对关系，如图 2-15 所示。

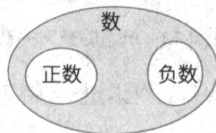

图 2-15　概念的反对关系

判断 a、b 两个概念的关系时，要先看 a 与 b 是否相交，若相交，则为相容关系，再依据两个概念相交部分的大小判断：若 a 与 b 完全重合，则 a 与 b 就是同一关系；若相交部分是 a，关系则为 a 真包含于 b；若相交部分是 b，关系则为 a 真包含 b；其他情况下则为交叉关系。若 a 与 b 不相交，则为不相容关系，再继续看它们的属概念 c，如果 a+b=c，则是矛盾关系，否则就是反对关系。概念 a、b 的关系如图 2-16 所示。

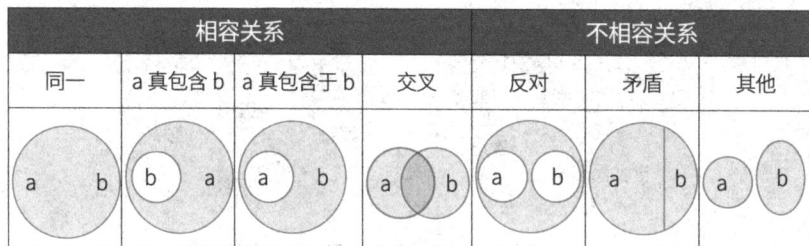

相容关系				不相容关系		
同一	a 真包含 b	a 真包含于 b	交叉	反对	矛盾	其他
a b	b a	a b	a b	a b	a b	a b

图 2-16 概念 a、b 的关系

2.1.4 概念的分类

根据不同的划分标准，概念可以有多种不同的分类方式。概念可以分为单独概念、普遍概念和空概念，也可以分为正概念和负概念，还可以分为集合概念和非集合概念。

1. 单独概念、普遍概念和空概念

根据所反映的事物的数量，也就是外延的大小，概念可以分为单独概念、普遍概念和空概念。

(1) 单独概念

单独概念，顾名思义，就是只反映一个事物概念，它的外延也仅仅是一个事物。通常我们所说的地名、人名、历史事件等专有名词，都可以称之为单独概念。比如，"长江""地球"等地名，"老舍""鲁迅"等人名，"9.11 事件"等历史事件，这些概念仅仅表示一个事物，或地点，或人名，或事件，因此它们都是单独概念。另外，还有"世界最高峰""最小的正整数"等这样一些概念，也是单独概念，如图 2-17 所示。

(2) 普遍概念

普遍概念就是反映多个事物的概念，而不会只反映一个事物。因此，普通概念的外延比单独概念要大，包含了两个或者两个以上的事物。通常，"电脑""植物"这样的普通名词一般都是普遍概念，因为它们的外延包含了许多不同的事物，如图 2-18 所示。

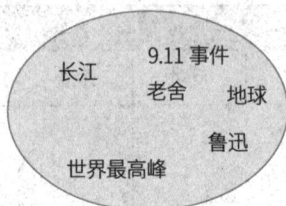

图 2-17 单独概念   图 2-18 普遍概念

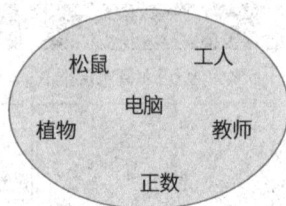

(3) 空概念

空概念意味着概念所指的事物在现实生活中不存在或者没有科学依据。比如"永动机""鬼"就是空概念。另外，一些前后矛盾的概念，比如"小于 0 的正数""圆的方"等也是空概念，如图 2-19 所示。

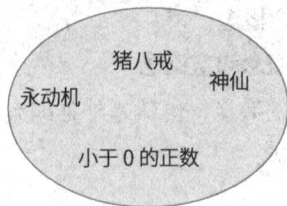

图 2-19 空概念

2. 正概念和负概念

根据概念是正面描述还是反面描述，可以将概念分为正概念和负概念。

先说负概念，它具有否定意义，表示概念不具备某种属性。通常，表示负概念的词前面都会有否定性的词，用来表示否定意义，比如，"非""无"和"不"等，这样的词有"非法""未成年人"和"无用功"等，如图 2-20 所示。

相对的，正概念就是含有某种属性，表示肯定意义的概念。比如，"合法""成年人"和"有用功"，也包括"学生""人"和"工作人员"这样的普通名词，如图2-21所示。一般的，常见的一些普通名词都有它所对应的负概念，如"非学生""非人"和"非工作人员"。

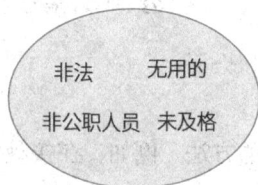

图2-20　负概念

图2-21　正概念

3. 集合概念和非集合概念

从外延的角度，根据概念所指的是否是一个群体来判断，概念可以分为集合概念和非集合概念。

(1) 集合概念

集合概念所指的是一个群体，而不是单独的个体，比如，"四大洋"，它所指的就是包含"太平洋""大西洋""印度洋"和"北冰洋"的这样一个整体，如果单独地来说"太平洋"，就肯定不能说它是"四大洋"，这样就是概念不清的逻辑错误了，只能说它是四大洋之一。也就是说，"四大洋"指的是一个集合，而不是单独的个体，这就是集合概念。另外，"人民解放军""四季"和"四大发明"等也是集合概念，如图2-22所示。

(2) 非集合概念

非集合概念所指的是单独的个体，而不是群体，如图2-23所示。比如，"动物""国家"和"河流"等都是非集合概念。因为"动物"可以指向单独的某一种动物，颜色也可以指单独的某种颜色。但在不同的语境中，同一个词表示的概念也是有区别的。

例如，"农民是社会中非常重要的群体"，这句话中的"农民"显然指向的是这一个群体，而不是单独的某个人，因此是集合概念，而"张三是农民"表达的却是某个单独个体，因而是非集合概念。

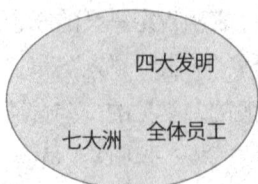

图 2-22　集合概念　　　　图 2-23　非集合概念

2.1.5　定义

定义是用来明确概念的一种常用的方法。例如，在接触到某个新概念时，有些人会立即上网搜索这个概念。我们了解了它的定义，也就知道了这个概念的内涵和外延了。

通俗地讲，定义就是对某一个词或句子精确而又简洁的解释。逻辑学中，定义的对象可以是概念（词），也可以是命题（句子），定义就是对它们进行内涵和外延方面的解释。例如，等边三角形是三条边相等的三角形。

定义可以分为被定义项、定义项和定义联项三个部分，如图 2-24 所示。就好比一个完整的句子可以分为主语、宾语和谓语：被定义项就是定义中的"主语"，即被解释的部分；定义项就是"宾语"，即解释的结果；定义联项就是"谓语"，起连接其他两项的作用。常见的定义联项有"是""指""就是"和"当且仅当"等。

图 2-24　定义的构成

那么，怎样才能得到一个定义呢？下定义的最常见的方法是种差定义，它的形式就是属加种差，也就是被定义项＝种差＋它的属。种差简单地说就是一个概念和它的属概念之间的区别，比如，"正数"和"数"

之间的种差就是"大于 0"，因此，正数的定义就是大于 0 的数。类似的定义有"人类是有思想的动物"等。

如何判断一句话是不是一个定义呢？我们主要可以从下面三个方面来判断：

(1) 判断定义项与被定义项的外延之间是不是同一关系，也就是两者说的是不是同一回事，如图 2-25 所示。例如，鱼是生活在水里的动物。这并不能作为一个定义，因为有的动物生活在水里但不是鱼，比如鲸。因此，"鱼"和"生活在水里的动物"，它们的外延并不是同一关系，故不能作为一个定义。

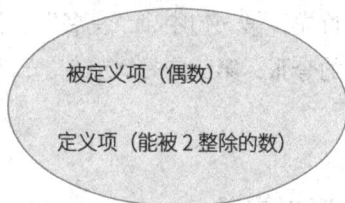

图 2-25　构成定义（同一关系）

同样的，"白马是马""上海是国际性大都市"也不能作为定义，它们犯了"定义过宽"的逻辑错误，如图 2-26 所示；"整数都是正数""整数都是负数"则明显犯了"定义过窄"的错误，如图 2-27 所示。

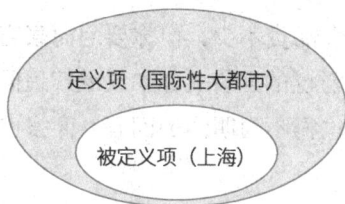

图 2-26　定义过宽

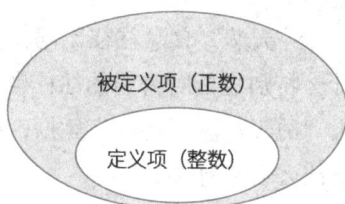

图 2-27　定义过窄

(2) 判断定义项是不是直接或者间接包含了被定义项，也就是两者的表述是否区分开来。定义不能是类似于"a 是 a"这样的表述。逻辑学是研究逻辑的一门学科，定义项是对被定义项的解释，而不是复述，如"快就是不慢"这样的句子往往会给人一种复述的感觉。

有时候，两个定义在一起，比如"人是地球上的高等动物，地球上唯一的高等动物就是人"，这样就犯了"循环定义"的逻辑错误，因为上面两个定义是在用定义项解释被定义项之后，被定义项又需要定义项来解释，这样就构成了解释不清的死循环。

(3) 判断定义项是否有歧义。需要注意的是，定义项具有准确的特点，许多修辞性的语句在逻辑学中看来都会产生歧义，因而不能称之为定义。

比如，"尴尬是一种莫名的感觉""父亲是世界上最伟大的人""儿童是祖国的花朵"。首先，第一句中，"莫名"含混不清，不准确；第二句则是一种情感上的夸张；第三句是比喻句。三句都有歧义，因此都不能作为定义。

2.2 生活中的逻辑错误

2.2.1 概念不清："纯天然"食品放心吗？

在这个谈"化学"色变的时代，市场上也涌现出了越来越多的"纯天然"食品，吸引着消费者的目光。但是，"纯天然"真的就能令人放心吗？

"纯天然"食品往往比同类其他食品贵不少，但你要问商家它们有什么特别之处时得到的往往也只是泛泛的回答。你如果继续追问，何为"纯天然"，有什么凭据，往往也得不到明确的回答，商家也拿不出什么确实的依据。

其实，"纯天然"只是听起来令人放心，它的概念非常模糊。什么样的产品才是真正纯天然的？顾客不清楚，连商家自己也说不清，国家也没这方面的认证标准。可以这么说，"纯天然"不同于我们现在已经知道的安全食品，例如，"有机食品""绿色食品"和"无公害食品"，它不是国家认证的食品标准，而是商家的一种宣传手段，给食品贴上"纯天然”的标签，用来引起消费者的注意。

在逻辑学中，这些商家正是利用了“纯天然”这一不清晰的概念，对要出售的食品进行了包装，从而诱导消费者产生一种放心的感觉。殊不知，这种踏实感只不过是由一个不清晰的概念所造成的误导，而没有任何科学依据。因此，在现实生活中，我们一定要有明确的概念思维，保持对事物概念的怀疑，而不要被商家制造的不清晰的概念所误导。

2.2.2　乱用概念：量子时代到来了？

“量子医学”“量子手表”等，这些“量子”的技术和产品风头正盛，成为市场上的一大热点。据悉，目前资本市场的量子概念股就不下十家。在电商平台上搜索，各种“高格调”的“量子”产品更是多达数百种，比如一款宣传可以用来检测人体各项指标的“量子弱磁场检测仪”。

“量子”这个概念被市场热炒，主要还是因为近年来量子科学的前沿发展屡屡取得突破，尤其是我国于 2016 年 8 月在酒泉将世界首颗量子卫星“墨子号”送上了天空。大家都觉得量子很神奇，对这个科学概念产生出了崇拜感，但是对它又没有最基本的认识，因而让商家抓住了机会，傍上这个概念，不管是不是真的“量子”，都推出了千奇百怪的“量子产品”。甚至，有人买了一个“量子挂坠”戴在胸前，说是它每天能辐射出一些东西，可以防癌；有商家宣传将“量子波”打到油桃上面，吃了这样的油桃就会对身体特别好。

根据权威人士分析，量子技术要进入寻常百姓家还得等上 20 年左右。现在购买量子产品或者投资量子概念股，还是要先准确认识一下“量子”这个概念，不要被一些公司乱用概念所忽悠了。

2.2.3　强用概念：不转就是不爱父母！

在朋友圈中，到处都在转发着“不转就是不爱父母”系列文章，例如，“6 月 17 号是父亲节……有孝心的请转发，转发后显灵。不爱父母的就别转……”，等等。

在微信朋友圈和群聊里面总能看到这类文章的身影。很多人都说这是赤裸裸的道德绑架和情感绑架，显然确实是这样的。但是从逻辑学角度来讲，这简直就是一群逻辑上的"文盲"在宣传自己的"强盗逻辑"，简直就是在强用概念。

对于上面的例子，是否转发并不能用来衡量和父母之间的爱，难道看到了不想转发就是不爱父母吗？这一条"准则"就能否定血浓于水的感情吗？这明显就是"强盗逻辑"！所以，看到这类信息，千万不要被这种带有道德绑架、情感绑架的"强盗逻辑"所忽悠了，不要成为"野蛮"的帮凶。

2.2.4 偷换概念：卖房宣传语有歧义

许多地产商、中介和房主在房屋的销售或者租赁过程中，经常使用"次顶层"等宣传语来引起买家或者租客的注意。面对这些宣传语，买家和租客们能够相信房子像宣传语所描述的那样好吗？

千万不要轻信！真实的房子往往和你想象中的不一样。而这样的偏差，正是商家们巧妙地利用词语的歧义，他们偷换概念，以达到包装房子，吸引顾客的目的。买房或者租房时最好还是实地仔细考察，切莫被宣传语所忽悠，以免日后产生不必要的纠纷。

那么，在房产宣传语中有哪些词语可以被偷换概念呢？比如，"次顶层"未必不是顶层。宣传语中的"次顶层"极有可能就是我们脑海里面的顶层楼房，而不是我们能够接受的次顶层。显然，大部分人都不喜欢住顶层，因为顶层经常日晒雨淋。但是有些楼房顶部是"凸"字形结构，也就是在顶层上面只有一个小的凸起，而商家们深知买家的喜好，就将这样的顶层楼房说成是"次顶层"。

此外，"厅"也经常被偷换概念。买家们对"厅"的理解是一个样，那就是"厅"就是"客厅"，但看到实际的房子后，才发现商家们将"餐厅"也包含在了其中。有些宣传语上面写的，房子的"厅"不少，可事实上要么将餐厅也算了进来，要么其实"厅"的大小功能等都不能与客厅等同，甚至客厅、餐厅同在一处。

2.3　明确概念的逻辑训练

2.3.1　强迫症的定义

在生活中，一些人会反复地洗手、反复地对餐具高温消毒、反复地检查门锁等，重复这类无意义的动作且自己感到十分烦恼和苦闷，这就是神经症中的一种，称为强迫症。王强每天洗手的次数超过普通人的20倍，看来，王强得了强迫症。

以下哪项如果为真，将对上述结论构成最有力的质疑？

A. 王强在洗手时并没有感到任何的烦恼和苦闷。

B. 王强的工作性质是需要洁净卫生的。

C. 王强的家里人的洗手次数都比普通人高。

D. 王强并没有检查门锁的习惯，甚至有一次还忘记了锁家门，结果被盗。

【解析】正确答案是 A。本题考察的是对概念内涵的把握程度。

根据题意，强迫症有两个关键点（概念的内涵）——重复无意义动作、对这种行为感到烦恼和苦闷，两者缺一不可。已知王强现在的表现只是洗手次数比普通人多，选项 A 表明王强在重复洗手时的心理状态并不是烦恼和苦闷，也就表明王强并不满足强迫症的第二个重要特征，而其他三个选项均没有这样的体现，因此该选项是最强有力的质疑。

2.3.2　西方真理

西方有句真理说：对待知识分子的态度，标志着一个民族的文明程度；对待工人和农民的态度，则考验着这个民族的良知与良心。

结合上面的语句，下面哪个选项最合适？

A. 应该给知识分子、工人和农民同等的待遇。

B. 如何对待工人和农民，甚至比如何对待知识分子更重要。

C. 知识分子在待遇方面可以高于工人和农民一倍。

D. 应该善待知识分子，同样也应该善待工人和农民。

【解析】正确答案是 D。本题考察的是对语句的理解。

首先，直接对题干进行概括就可得出结论：知识分子、工人和农民都应该被善待。因为不管怎么说，题干都暗示了知识分子、工人和农民都应该被"好好地"对待，这是最基本的。

其次，从题干也看不出将如何对待知识分子与如何对待工人、农民进行比较的意思，所以无法知道对待谁更重要，也无法知道是应该给他们同等待遇还是给他们差别待遇，当然更谈不上可以给知识分子高于工人和农民一倍的待遇。因此，A、B 和 C 均是不合乎语境的。

2.3.3 肥胖儿童的数量

根据过去 10 年中所做的四项主要调查得出的结论：以高于 85% 的同龄儿童的体重作为肥胖的标准，北京城区肥胖儿童的数量一直在持续上升。如果上述调查中的发现是正确的，则据此可以得出以下哪项结论？

A. 10 年来，北京城区儿童的运动量越来越少。

B. 10 年来，北京城区不肥胖儿童的数量也在持续上升。

C. 10 年来，北京城区肥胖儿童的数量在持续减少。

D. 北京城区儿童发胖的可能性随其年龄的增长而变大。

【解析】正确答案是 B。本题考察的是对定义的理解。

选项 A、D 分别引入了不明确的新概念"运动量""发胖的可能性"，而由题目信息并不能得到相应的结论，因此选项 A、D 直接排除。再根据肥胖的定义，体重比 85% 的同龄儿童高就是肥胖，可以明确地知道在一个地区，只有占同龄儿童总人口 15% 的体重较重的儿童才是肥胖儿童，后面占 85% 的体重较轻的儿童都是不肥胖儿童。题目又告诉我们，北京城区肥胖儿童数量在上升，因此可以得出该地区同龄儿童总数也是上升的，因此可以得到占比 85% 的不肥胖儿童的数量也是上升的，从而 B 项是正确答案。

2.3.4　性别歧视

某大学的哲学学院和管理学院今年招聘新教师，招聘结束后受到了女权主义代表的批评，因为他们在 12 名女性应聘者中录用了 6 名，但在 12 名男性应聘者中却录用了 7 名。该大学对此解释说，今年招聘新教师的两个学院中女性应聘者的录用率都高于男性的录用率。具体的情况是：哲学学院在 8 名女性应聘者中录用了 3 名，而在 3 名男性应聘者中录用了 1 名；管理学院在 4 名女性应聘者中录用了 3 名，而在 9 名男性应聘者中录用了 6 名。

以下哪项最有助于解释女权主义代表和大学之间的分歧？

A. 整体并不是局部的简单相加。

B. 人们往往从整体角度考虑问题，不管局部。

C. 现代社会提倡男女平等，但实际执行中还是有一定难度。

D. 各个局部都具有的性质在整体上未必具有。

【解析】正确答案为 D。本题考察的是概念的含义。

女权主义代表从整体来看问题，认为没体现权力平等；校方从具体院系来看，说明女性权力得到了体现。两者从不同的角度来看，即整体与部分有区别，且各有各的理。总结起来就是部分具有的性质而整体未必具有。

2.3.5 正常和低档

经济学中，商品可以分为正常物品和低档物品两类。正常品和低档品的区别在于：正常品的需求量与消费者的收入水平成同方向变动，即正常品的需求量随着消费者收入水平的提高而增加，随着消费者收入水平的下降而减少；低档品的需求量与消费者的收入水平成反方向变动，即低档品的需求量随着消费者收入水平的提高而减少，随着消费者收入水平的下降而增加。

以下哪项陈述与经济学家区别正常品与低档品的描述最相符？

A. 学校里的穷学生经常吃方便面，他们毕业找到工作后就经常下馆子，对这些学生来说，方便面就是低档品。

B. 在家庭生活中，随着人们收入的减少，对食盐的需求并没有变大。毫无疑问，食盐是一种低档品。

C. 在一个日趋老龄化的社区，对汽油的需求越来越小，对家庭护理服务的需求越来越大。与汽油相比，家庭护理服务属于低档品。

D. 当人们的收入增加时，家长会给孩子多买几件名牌服装，收入减少时就少买点。名牌服装不是低档品，也不是正常品，而是高档品。

【解析】正确答案为 A。本题考察了对定义的理解。

根据题干中给出的正常品和低档品的定义，分析各个选项：

对于 A 选项，方便面的需求量随着学生收入水平的提高而减少，这符合低档品的定义，因此是正确的；对于 B 选项，食盐并不随人们收入水平的减少而变化，这和低档品的定义不同，因此是错误的；对于 C 选项，并未提及汽油与消费者收入水平之间的关系，不符合低档品的定义，因此是错误的；对于 D 选项，题干中并未提到高档品，这是无关选项，因此是可以排除的。

第 3 章

描述一个事物的性质：
直言命题

03

逻辑学中的命题也叫作判断。命题通常都是表示某个观点、某种态度。直言命题就是最简单也最常用的一种命题，用来描述一个事物的性质。对于一个命题，最重要也最实用的知识就是怎样来分辨它的真假。

3.1　认识直言命题

直言命题是一种最常用也最简单的命题。比如，"地球是一颗行星"就是一个命题，也是直言命题。本节先介绍了直言命题的结构，然后系统地讲到了如何判断一个直言命题的真假，这些判断方法都能在实际生活中得以应用。

3.1.1　了解直言命题

我们在生活中总会碰到各种各样的命题，像常见的"是什么""不是什么""什么怎样"等这样的句式，它们都是命题，如图 3-1 所示。当然，有些命题是真的，比如"太阳从东边升起"，也有些是假的，比如"4 大于 5"。

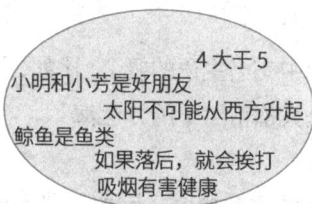

图 3-1　一些命题

通常情况下，命题可以分为简单命题和复合命题，简单命题就是单个判断语句，复合命题则是由多个判断语句组成的，如图 3-2 所示。

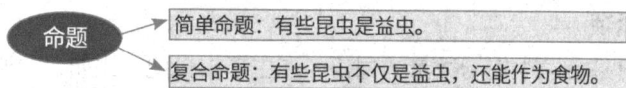

图 3-2　命题的分类

直言命题就是一种简单命题，用来描述事物的性质，如图 3-3 所示。

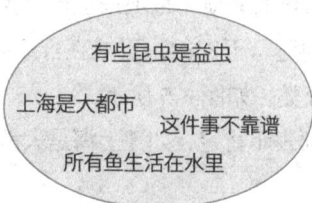

图 3-3　一些直言命题

直言命题通常都是由主项、谓项、联项和量项四个部分组成的，有时候某一项也可以被省略，如图 3-4 所示。在逻辑学中，用"S"表示主项，"P"表示谓项。对于一个直言命题，它们的组成分别如下：

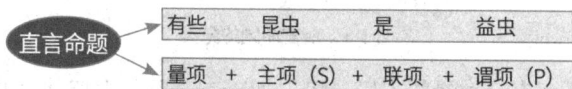

图 3-4　直言命题的构成

1. 主项

主项通常是在命题中充当主语的概念。比如，"所有的鱼生活在水里"中的"鱼"，"上海是大都市"中的"上海"。

2. 谓项

谓项是命题中表示性质的概念。比如，"上海是大都市"中的"大都市"，"叶子是绿色的"中的"绿色的"。

3. 联项

联项是命题中主项和谓项之间的连接词。比如，"是""不是"，其中，"不是"表示的是否定。有时候联项也可被省略。

4. 量项

量项是命题中表示数量的词语，和主项相搭配。比如，"所有的鱼生活在水里"中的"所有"，"有些数是负数"中的"有些"等。

3.1.2 直言命题的分类

直言命题可以根据它的联项和量项来进行分类。

根据联项是肯定的还是否定的，可把直言命题分为肯定命题和否定命题，这也叫做按质分类，如图 3-5 所示。

(1) 肯定命题：联项表示肯定，如"上海是大都市"。其形式一般是：S 是 P。

(2) 否定命题：联项表示否定，如"1 不是负数"。其形式一般是：S 不是 P。

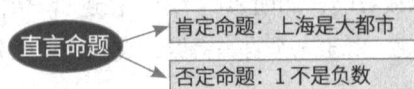

图 3-5　直言命题的分类

根据量项表示数量的不同，可以把直言命题分为特称命题、全称命题和单称命题三种，这也叫做按量分类，如图 3-6 所示。

(1) 特称命题：表示部分事物，不论这部分占的量有多少。量项通常是"有些""很多""一些""大多数"等。例如，"有些整数是奇数""大多数人都是善良的"等。

(2) 全称命题：表示全部的事物，表示全部的量。量项通常有"所有的""任意"和"一切"等表示全部的词。例如，"所有的鱼都生活在水里""每分钟的时间都是宝贵的"等。

(3) 单称命题：表示特定的单个事物，量项通常有"这个""那个"等指示代词。例如，"这台电脑是坏的"。另外，主项是专有名词的直言命题，如"老舍是一位作家"也是单称命题。注意，单称命题有时候也可以看作全称命题。

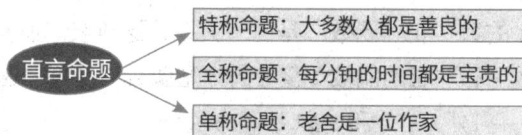

图 3-6　直言命题的分类

综合以上，将两种判断方式组合起来，就可以得到直言命题一共有如下六种分类方式，详见表 3-1。

表 3-1　直言命题的分类

直言命题	表达形式	缩写	简称	例子
全称肯定命题	所有 S 是 P	SAP	A 命题	所有的鱼都生活在水里
全称否定命题	所有 S 不是 P	SEP	E 命题	任何事物都不是一成不变的
特称肯定命题	有的 S 是 P	SIP	I 命题	有的昆虫是益虫
特称否定命题	有的 S 不是 P	SOP	O 命题	少数人不是好人
单称肯定命题	（某个）S 是 P	—	—	老舍是作家
单称否定命题	（某个）S 不是 P	—	—	冥王星不是行星

对于生活中遇到的有些直言命题，它们的表示形式未必像上述一样准确，在判断类型时应该先转化为标准形式。比如，"没有一个人不是成年人"，转化为标准形式即"所有人都是成年人"，形式是"SAP"，是 A 命题。

3.1.3　判断直言命题的真假

判断一个直言命题的真假，有两种方式：一是根据"S"和"P"两个概念之间的外延关系来判断；二是根据其他命题的真假来判断。

1. 根据外延关系来判断

任何一个直言命题归根结底都是对"S"和"P"之间关系的一种描述，往往可以根据"S"和"P"之间的外延关系来判断命题的真假。比如，"能被 2 整除的数"和"偶数"是同一关系，这时候"所有能被 2 整除的数都是偶数"和"有的能被 2 整除的数是偶数"是真命题，即 SAP 和 SIP 为真命题。另外，SEP 和 SOP 是假命题。

同样的，在"S"和"P"是其他关系时，我们也可以得到相应命题的真假。总结起来，根据"S"与"P"的关系，直言命题的真假情况见表 3-2。

表 3-2　直言命题的真假判断

直言命题	同一关系	S 真包含 P	S 真包含于 P	交叉关系	不相容关系
SAP	真	假	真	假	假
SEP	假	假	假	假	真
SIP	真	真	真	真	假
SOP	假	真	假	真	真

2. 根据其他命题的真假来判断

直言命题的真假也可以根据相关直言命题的真假来判断。例如，对于具有相同的"S"（篮子里的苹果）和相同的"P"（坏苹果）的下列命题：

A 命题：篮子里的所有苹果都是坏苹果。

E 命题：篮子里的所有苹果都不是坏苹果。

I 命题：篮子里的有些苹果是坏苹果。

O 命题：篮子里的有些苹果不是坏苹果。

我们可以得到它们之间的真假关系：如果 A 为真，则 E 为假、I 为真、O 为假等，详见表 3-3。

表 3-3　直言命题的真假关系

已知	A真	A假	E真	E假	I真	I假	O真	O假
A	—	—	假	不确定	不确定	假	假	真
E	假	不确定	—	—	假	真	不确定	假
I	真	不确定	假	真	—	—	不确定	真
O	假	真	真	不确定	不确定	真	-	-

在逻辑学中，将上表中命题 A、E、I 和 O 之间的关系分为下面几类：

(1) 反对关系：如 A 和 E 之间，不能同真，可以同假。也就是说，已知其中一个为真，另一个就是假；或已知其中一个为假，另一个不确定。

(2) 差等关系（从属）：如 A 和 I、E 和 O 之间，如果特称命题为假，则相应的全称命题就为假；如果全称命题为真，则相应的特称命题就为真。

(3) 矛盾关系：如 A 和 O、E 和 I 之间，若其中一个为真，则另一个必定为假。

(4) 下反对关系：如 I 和 O 之间，不能同假，可以同真。也就是说，已知其中一个为假，则另一个就是真；或已知其中一个为真，则另一个不确定。

这些关系如图 3-7 所示。

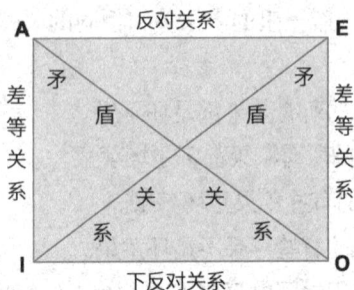

图 3-7　直言命题的真假关系

如果考虑单称命题"这颗苹果是坏苹果""这颗苹果不是坏苹果"的话会怎样呢？显然，如果"这颗苹果是坏苹果"为假，则有 A 命题"所有苹果都是坏苹果"为假，E 命题不能确定；如果"这颗苹果是坏苹果"为真，则有 A 命题不能确定，E 命题为假。若 A 命题为真，则"这颗苹果是坏苹果"也为真；若 E 命题为真，则"这颗苹果是坏苹果"为假。总之，完整的直言命题的真假关系，如图 3-8 所示。

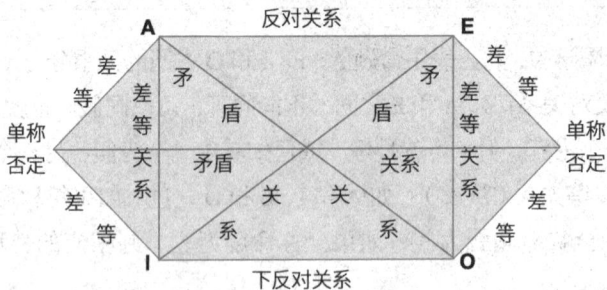

图 3-8　完整的直言命题的真假关系

3.2　生活中的逻辑错误

3.2.1　诉诸权威：赵高指鹿为马

在秦二世时期，赵高独揽朝政，根本不把秦二世放在眼里。有一天，赵高为了进一步巩固自己的势力，便设置了一个圈套来试探各位大臣是不是听从他。他命人带来一只鹿献给秦二世，指着那只鹿对秦二世说："陛下，这是一匹马。"秦二世笑着说："丞相错了吧？您把鹿说成是马。"便问自己身边的大臣，左右大臣有的沉默，有的故意迎合赵高说是马。有少数大臣坚持对秦二世说这是鹿，赵高暗中记住了他们，之后就暗中陷害了这些大臣。以后，所有的大臣都畏惧赵高，而轻视秦二世。

在这个故事中，赵高"指鹿为马"的言论是一个直言命题。只不过这个直言命题是赵高借助自己的权势提出的，它只是一个颠倒是非、歪曲事实的言论。从逻辑学的角度来看，它是一个假命题。

在现实生活中，不乏一些诉诸权威的例子，借助"权威"的幌子，比如某些专家名人的某些观点，就利用了许多人盲目相信权威的心理。如果仔细分析，就可以发现其中有些观点并不能经过客观事实的检验。但是凭借着权威的身份，往往能让人觉得是正确的、是理所当然的。因此，我们一定要长期保持理性思考，保留质疑的态度，判断其中的真假，而不要盲从诉诸权威的逻辑。

3.2.2　诉诸无知：鬼存在吗？

如果有人问你"鬼存在吗"这个问题，你该如何回答呢？假如你回答"鬼是（不是）存在的"，那么你又该怎么来证明你的观点呢？或许有人会这样来证明鬼是存在的：既然不能证明鬼是不存在的，那么也就说明了鬼是存在的。同样的，也有人会这样来证明鬼是不存在的：既然不能证明鬼是存在的，那么也就说明鬼是不存在的。

上面的两种不同的回答似乎都得到了证明，但显然这样的结果不是符合逻辑的，那么，它们都是正确的吗？

鬼是存在的、鬼是不存在的，这两个命题是直言命题，并且是矛盾关系，其中一个为真，另一个就必定为假。因此，如果要得到"鬼是存在的"观点，要么直接证明，要么证明"鬼是不存在的"是错误的。显然，上面的证明过程，把"不能证明鬼是不存在的"等同于"证明了鬼是存在的"，或者把"不能证明鬼是存在的"等同于"证明了鬼是不存在的"，这就是犯了"诉诸无知"的逻辑错误，因为不能否定某一命题并不等同于肯定了这一命题的反面。

在现实生活中，对待不确定的事物一定要保持谨慎怀疑的态度，不能盲目地运用"诉诸无知"的逻辑。

3.2.3 诉诸多数：人人都这么说

"某某生日转发多少次腾讯给你充Q币""某种水果是转基因作物""Wi-Fi辐射很强""植物'激素'导致性早熟""市场上许多鸡蛋是'人造蛋'"……这些句子，你是不是觉得很熟悉呢？在这些句子中，或许有一些就是你正深信不疑的观点，或许有一些你觉得是不靠谱的，而其中的每一句，都被许多人传了许久，不只在我们的朋友圈可以看到，在有些媒体上也能看到。

然而，上面这些句子都已经被证明是谣言了，现在已经被证实："无中生有的信息转发多少次腾讯也不会给你充Q币""所谓的转基因作物其实只是杂交作物""Wi-Fi辐射对人体的影响很微弱，可以忽略不计""植物'激素'只是植物生长剂，由于植物和动物结构上的差异，不可能会造成性早熟""'人造蛋'是不可能的，都是鸡生出来的"……

从逻辑学的角度来看，上面那些流传很广的谣言都是假命题，它们能成功的基础正是人们"诉诸多数"的错误逻辑。这种逻辑就是：大家都这么说就一定是对的，大家都在做的就一定是有道理的。而这些谣言正是利用了人们这种盲目从众的心理，借助互联网迅速传播，也就能够让越来越多的人相信它们。

在现实生活中，类似的"诉诸多数"的例子还有"那么多人买这个产品，这个产品准没问题""大家都在作弊，又不只我一个，这有什么问题呢""大家都在加班到半夜12点，你就应该加班"……总之，在现代的信息社会，一定要提高自己的信息甄别能力，要警惕"诉诸多数"的逻辑，多数人的观点和做法不一定是对的。这时候不要在思维上面偷懒，而应当寻求相关的依据。

3.2.4 观点极端：这个世界上没有好人

在遇到几个坏人后，就说"这个世界上没有一个人是好人"；在失恋过几次后，就说"所有男人都不是好东西"；在见过几次离婚后，就说"现代社会没有好婚姻"；在看过几条八卦后，就说"娱乐圈全都是这样"；在见过几个叛逆的"90后"以后，就说"所有90后都是叛逆的"……

这些都是典型的极端观点，仔细想想，难道世界上真的没有一个好人吗？世界上没有一个好男人吗？没有一段幸福的婚姻吗？娱乐圈没有一处是清新和谐的吗？没有一个个性温顺的"90后"吗……

用逻辑学的知识来仔细分析上面的观点，可以发现它们都是一个个全称命题，只不过有些不是标准形式罢了。化为标准形式后，可以得到"所有的人都是坏人""所有的婚姻都不是好的""娱乐圈里所有的东西都是肮脏的"……这些全称命题在现实生活中就是一些极端的观点，俗话说就是一棒子打死一群人，这是不符合客观事实的。因此，在现实生活中，要避免产生极端观点，切记要慎用全称命题，应辩证地看待现实中的事物。

3.3 直言命题的逻辑训练

3.3.1 几人说假话

有一个岛上住着两种人，一种是说真话的人，一种是说假话的人。一天，一个人去岛上旅游，遇到甲、乙、丙三个岛上居民，便问起他们谁是说真话的人，谁是说假话的人，甲说："乙和丙都是说假话的人。"乙说："我是说真话的人。"丙说："乙是说假话的人。"

如果以上描述为真，那么，请问这三个人中有几个说假话的人？

A. 0

B. 1

C. 2

D. 3

【解析】正确答案是 C。本题考察了矛盾关系。

要想知道有几人说了假话，需要对每个人说话的真假进行初步的判断。仔细分析三人说的话，可以发现：乙和丙说的话刚好成矛盾关系，即两个人当中有一个人说了假话，一个人说了真话。再回过头来，甲说的是乙和丙都是说假话的人，显然是错误的，因此，甲也是说假话的人。综合得到，总共有两个人说假话，答案应选择 C。

3.3.2 车辆的颜色

甲、乙、丙、丁四人的车分别为白色、银色、蓝色和红色。在问到他们各自车的颜色时，

甲说："乙的车不是白色的。"

乙说："丙的车是红色的。"

丙说："丁的车不是蓝色的。"

丁说："甲、乙、丙中有一个人的车是红色的，而且只有这个人说的是真话。"

如果丁说的是真话，那么，以下说法正确的是哪一项？

A. 甲的车是白色的，乙的车是银色的。

B. 乙的车是蓝色的，丙的车是红色的。

C. 丙的车是白色的，丁的车是蓝色的。

D. 丁的车是银色的，甲的车是红色的。

【解析】正确答案是 C。本题考察了命题间的矛盾关系。

首先，分析甲、乙、丙和丁四人说的话。根据题干只能确定丁说的是实话，丁的车辆不是红色的，并且甲、乙、丙三人中车辆为红色的那个人说的是实话。接着，可以利用假设的方法，为了方便，可以从"红色"出发：

分析甲、乙、丙三人的话，只有乙的话中有"红色"，故假设乙说的是真话，则得到丙的车辆是红色的，由于乙说的是真话，那么乙的车辆也必须是红色的，这与前面的命题产生了矛盾，因此假设是不成立的，从而得到乙说的是假话，即丙的车辆不是红色的，同时乙的车辆也不是红色的，也就得到了甲的车辆是红色的。

此时，能够确定甲说的是真话，丙说的是假话，即丁的车辆是蓝色的。因为乙的车辆不能是红色（甲的）、蓝色（丁的）、白色（甲的话），所以乙的车辆只能是银色的。最后，也就得到了丁的车辆是蓝色的。综合得到，只有 C 选项是正确的。

3.3.3 谁买纪念品

某旅游团去木兰围场旅游，团员们骑马、射箭、吃烤肉，最后去商店购买纪念品。已知：

(1) 有人买了纪念品。

(2) 有人没有买纪念品。

(3) 该团的张先生和王女士都买了纪念品。

如果以上三句话中只有一句为真，则以下哪项肯定为真？

A. 张先生和王女士都没有买纪念品。

B. 张先生买了纪念品，但王女士没有买纪念品。

C. 张先生没买纪念品，但王女士买了纪念品。

D. 该旅游团的李先生买了纪念品。

【解析】正确答案是 A。本题考察特称命题之间的下反对关系。

第一步：化为标准形式。三句话均为标准形式。(1) 是 SIP 命题，(2) 是 SOP 命题，(3) 是复合命题。

第二步：找突破口。本题中，(1) 和 (2) 之间是下反对关系，从而有这两句话不可同假但可同真，因此必有一真。这就是本题的突破口。

第三步：由题干其他信息可知，本题三句子中只有一个为真，故 (3) 为假。由 (3) 的话为假可知，张先生和王女士至少有一人没买纪念品。

第四步：回过头来，判断突破口中两句话的真假。由张先生和王女士至少有一人没买纪念品可知，(2)"有人没有买纪念品"为真，又知本题只有一句为真，从而可知 (1)"有人买了纪念品"为假，因此可以得到所有人都没买纪念品。通过分析，只有 A 中说法符合，故正确答案为 A。

3.3.4　本科学历多少人

某单位共有 20 名工作人员。

(1) 有人是本科学历。

(2) 单位的负责人不是本科学历。

(3) 有人不是本科学历。

上述三个判断中只有一个是真的，则以下哪项正确表示了该单位具有本科学历的工作人员的人数?

A. 20 个人都是本科学历。

B. 只有 1 个人是本科学历。

C. 20 个人都不是本科学历。

D. 只有 1 个人不是本科学历。

【解析】正确答案是 A。本题考察直言命题之间的下反对关系。

第一步：化为标准形式。直接根据已知信息可以知道，(1) 是 SIP 命题，(2) 是单称否定命题，(3) 是 SOP 命题。

第二步：找突破口。(1) 和 (3) 是下反对关系，即"不能同假，可以同真"，因此两者之间至少有一个真命题。

第三步：根据题意，只能有一个是真的，从而可以得到 (2) 一定是假命题。对应地也就得到"单位的负责人是本科学历"。

第四步：再回过头来，由第三步的结论就可以得到"有人是本科学历"是真的，从而得到 (3) 是假的。对应地也就得到"所有人都是本科学历"，题中已告知有 20 名工作人员，故答案选择 A。

3.3.5　是谁匿名捐款

学校在为失学儿童义捐活动中收到两笔没有署真名的捐款，经过多方查找，可以断定是周、吴、郑、王中的某两个人捐的。经询问：

周说："不是我捐的。"

吴说："是王捐的。"

郑说："是吴捐的。"

王说："我肯定没有捐。"

最后经过详细调查，证实四个人中有两个人说的是真话。

根据已知条件，请你判断下列哪项可能为真。

A. 是吴和王捐的。

B. 是周和王捐的。

C. 是郑和王捐的。

D. 是郑和吴捐的。

【解析】正确答案是 C。本题考察单称命题之间的矛盾关系。

第一步：化为标准形式。直接根据已知信息可以知道，四个命题均是单称命题。

第二步：找突破口。吴说的和王说的是矛盾关系，即"一真一假"。再根据题意，有"两真两假"，从而可以得到周说的和郑说的也是"一真一假"的矛盾关系。

但是对于周和郑说的，它们之间是没有什么关系的，该怎么判断真假呢？这时候就需要假设的办法了。

第三步：先假设其中一个为真。不妨设周说的为真，郑说的为假，从而可以得到"周没有捐，吴没有捐"的结论，再根据题中"只有两人捐款"的信息，可以得到"郑和王捐款"。

第四步：根据假设结果，再回过头来。吴说的为真，王说的为假。综合得到各方面均符合题意。结合题目选项，从而可以直接得到答案为 C。

如果你还质疑的话，那你可以进行另一种假设。假设周说的为假，郑说的为真，从而可以得到"周捐了款，吴也捐了款"，这时候是没有这个选项的。

第 4 章

描述事物之间的关系：
关系命题

04

关系命题也是一种简单命题。和直言命题反映事物的性质不同，关系命题用来描述事物之间的关系。例如，"中国和俄罗斯相邻"就是一个关系命题。关系命题中最重要的是弄清楚关系的传递性和对称性，这些都是许多推理过程中所必不可少的。

4.1　认识关系命题

关系命题中最关键的就是"关系"。这一节将先简单介绍关系命题的结构，然后重点介绍关系的对称性和传递性，利用这些性质我们可以判断一个关系命题的真假；最后，本节还介绍了和对称性、传递性有关的关系命题的推理。

4.1.1　关系命题的结构

关系命题在日常生活中的应用非常广泛，一些常见的关系命题如图4-1 所示。

(1) 表示大小关系的，如"所有正数都大于 0"；

(2) 表示时间关系的，如"星期一在星期二前面"；

(3) 表示位置关系的，如"甲坐在乙和丙之间"；

(4) 表示人际关系的，如"我和在场的有些人是朋友"；

……

所有正数都大于 0
星期一在星期二前面
甲坐在乙和丙之间
我和在场的有些人是朋友

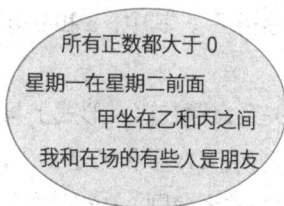

图 4-1　关系命题

一个关系命题通常由三部分组成，即关系项、关系、量项。结合上面四个关系命题的例子，图 4-2、图 4-3 和图 4-4 分别表示关系项、关系和量项。

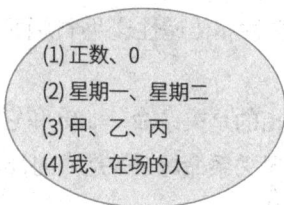

(1) 正数、0
(2) 星期一、星期二
(3) 甲、乙、丙
(4) 我、在场的人

图 4-2　关系项：命题中发生关系的事物

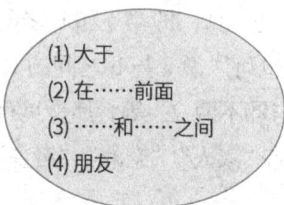

(1) 大于
(2) 在……前面
(3) ……和……之间
(4) 朋友

图 4-3　关系：事物之间的具体关系

(1) 所有
(2) 有些

图 4-4　量项：命题中表示数量的词

往往最简单的关系命题中只包含了两个关系项，如"中国和俄罗斯是邻居"。我们可以将具有两个关系主项的关系命题的逻辑形式表达为aRb，即"a 与 b 具有 R 关系"。其中，a 和 b 分别表示两个关系主项，R 表示关系项。

值得注意的是，有关系命题在语言形式上与其他形式的命题非常相似，但不是关系判断。例如，(1) 甲和乙是学生；(2) 甲和乙是同学。这两个命题中，只有 (2) 才是关系命题，(1) 是联言命题。

4.1.2 判断关系命题的真假

如何判断一个关系命题的真假呢？首先需要弄清楚关系命题具有哪些特性，其实主要是关系命题 aRb 中 R 关系的一些性质。在逻辑学中，关系性质通常可以从对称性和传递性这两个方面来观察。

1. 对称性

关系 R 的对称性，指的是关系命题 aRb 和它的对称形式 bRa 之间的真假关系。也就是说，如果关系命题 aRb 是真的，bRa 是否为真。总结起来，又可以分为下面三种情况。

(1) 对称关系

当 aRb 为真时 bRa 也为真，即当 a 和 b 之间有 R 关系时，b 与 a 之间也有 R 关系。这时候也可以说 a 与 b 之间的 R 关系是对称的。例如，"甲和乙是同学""正与邪不两立"等，都是具有对称关系的关系命题。一些常见的对称关系还有"家人""亲戚""老乡""同事"和"矛盾"等。

(2) 反对称关系

当 aRb 为真时 bRa 为假，即当 a 和 b 之间有 R 关系时，b 与 a 之间一定没有 R 关系。这时候也可以说 a 与 b 之间的 R 关系是反对称的。例如，"他是小明的数学老师""正数永远大于负数""小明欺负了小花"等，都是具有反对称关系的关系命题。一些常见的反对称关系还有"低于""在……里面""属于"等。

(3) 非对称关系

当 aRb 为真时，bRa 可能为真也可能为假，即当 a 和 b 之间有 R 关系时，b 与 a 之间可能有 R 关系也可能没有 R 关系。这时候也可以说 a 与 b 之间的 R 关系是非对称的。例如，"他认识这家公司的总经理""你不应该相信这个人""杰克爱上了露丝"等。一些常见的非对称关系还有"敬佩""鄙视""看见"等。

关系 R 的对称性见表 4-1。

表 4-1 关系 R 的对称性

对称性	形式	例子
对称关系	当 aRb 真时，bRa 为真	甲和乙是同学
反对称关系	当 aRb 真时，bRa 为假	正数大于负数
非对称关系	当 aRb 真时，bRa 可真可假	你很信任他

2. 关系的传递性

关系 R 的传递性，类似于前文中的三段论的形式。要判断传递性，主要依据是 aRb 为真且 bRc 也为真时 aRc 是否也为真。因此，也可以分为下面三种情形。

(1) 传递关系

当 aRb 为真并且 bRc 也为真时，aRc 必为真，即当 a 和 b 之间有 R 关系，并且 b 和 c 之间也有 R 关系时，a 与 c 之间必有 R 关系。这时候也可以说关系 R 是传递关系。例如，"人类属于灵长目，灵长目属于脊椎动物门，所以人类属于脊椎动物门"中的"属于"，"小明的成绩低于小张的，小张的成绩低于小芳的，所以小明的成绩低于小芳的"中的"低于"，还有"高于""大于""领先"等都是传递关系。

(2) 反传递关系

当 aRb 为真，并且 bRc 也为真时，aRc 必为假，即当 a 和 b 之间有 R 关系，并且 b 和 c 之间也有 R 关系时，a 与 c 之间一定没有 R 关系。

这时候也可以说关系 R 是反传递关系。例如，"甲是乙的母亲，乙是丙的母亲，所以甲不是丙的母亲"中的"母亲"，"小明的成绩比小张少2分，小张的成绩比小芳少2分，所以小明的成绩不比小芳少2分"中的"比……少……"，还有"比……多……""矛盾""父亲"等都是反传递关系。

(3) 非传递关系

当 aRb 为真，并且 bRc 也为真时，aRc 可能为真也可能为假，即当 a 和 b 之间有 R 关系，并且 b 和 c 之间也有 R 关系时，a 与 c 之间可能有 R 关系也可能没有 R 关系。这时候也可以说关系 R 是非传递关系。例如，"甲喜欢乙，乙喜欢丙"中的"喜欢"，"甲是乙的朋友，乙是丙的朋友"中的"朋友"，还有"敬佩""讨厌""反对"等都是非传递关系。

关系 R 的传递性见表 4-2。

表 4-2　关系 R 的传递性

传递性	形式	例子
传递关系	当 aRb 和 bRc 为真时，aRc 必为真	正数大于 0，0 大于负数
反传递关系	当 aRb 和 bRc 为真时，aRc 必为假	甲是乙的父亲，乙是丙的父亲
非传递关系	当 aRb 和 bRc 为真时，aRc 可真可假	甲认识乙，乙认识丙

关系的对称性和传递性如图 4-5 所示。

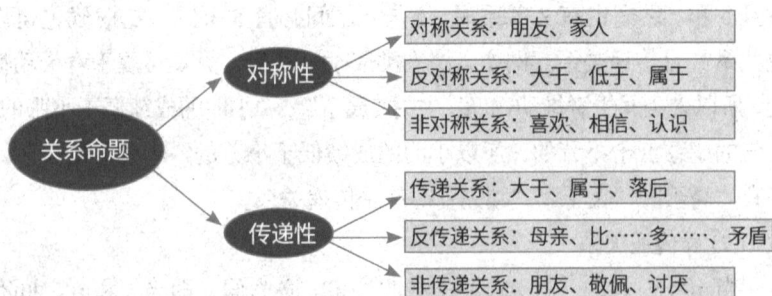

图 4-5　关系的对称性和传递性

4.1.3　常用的关系推理

关系推理利用了对称性中的对称关系和反对称关系，传递性中的传递关系和反传递关系，关系推理的四种形式如图 4-6 所示。

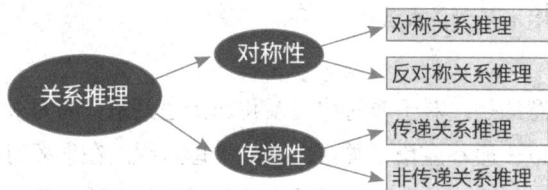

图 4-6　关系推理的四种形式

1. 对称关系推理

对称关系推理就是利用关系命题 aRb 中关系 R 的对称性，由 aRb 为真，可以得到结论 bRa 为真。例如：

前提：中国是俄罗斯的邻居。

结论：俄罗斯是中国的邻居。

2. 反对称关系推理

反对称关系推理就是利用关系命题 aRb 中关系 R 的反对称性，由 aRb 为真，可以得到 bRa 为假，也就得到了结论非 bRa 为真了，例如：

前提：春天在夏天的前面。

结论：夏天不在春天的前面。

3. 传递关系推理

传递关系推理就是利用了关系命题 aRb、bRc 中 R 关系的传递性，由 aRb、bRc 为真，可以得到结论 aRc 也为真，例如：

前提：甲站在乙前面；

　　　乙站在丙前面。

结论：甲站在丙前面。

4. 反传递关系推理

反传递关系推理就是利用了关系命题 aRb、bRc 中 R 关系的反传递性，

由 aRb、bRc 为真,可以得到 aRc 也为假,也就得到了结论非 aRc 一定为真,例如:

前提:甲是乙的父亲。

乙是丙的父亲。

结论:甲不是丙的父亲。

需要注意的是,对于非对称关系和非传递关系,因为很难得到确切的结论,所以一般都应用于关系命题的推理过程。在很多时候,需要注意不要在推理过程中将非对称关系误认为对称关系或者反对称关系,将非传递关系误认为传递关系或者反传递关系。

4.2 逻辑错误

4.2.1 关系变换错误:如何判断缩小了多少

在一堂物理课上,老师出了一道题当堂考学生,题目是:"一炉铁水凝结成铁块,它的体积缩小了 1/34。后来,铁块又熔化成铁水,体积增加多少?"一位学生不假思索地答道:"熔化后的铁水的体积比铁块增加了 1/34。"老师摇了摇头,对他说:"你算的答案不对,正确答案应该是 1/33。"这位学生一时有点疑惑,就想着:"变成铁块时体积缩小的部分不就等于再化成铁水时体积增加的部分吗?为什么 1/34 变成了 1/33 了呢?这不矛盾吗?"

仔细分析就可以发现,在这个故事中,学生的答案确实错了,正确答案确实是 1/33。不过,这个学生的疑惑是非常普遍的,现实生活中也有些人犯过类似的错误。从逻辑学的角度来分析,铁块比铁水的体积缩小了 1/34,这是一个关系命题,表明的是成为铁块后体积缩小为原来铁水体积的 1/34。再来看这位学生说的,铁水的体积比铁块增加了 1/34,也是一个关系命题,表明的是成为铁水后,体积比原来的铁块体积增加了 1/34。再进行比较,就会发现学生和老师说的同样是 1/34,但是指的事物却不一样，因而，学生的答案是错误的。

因此，在有些关系命题中，要分析关系具体所指的事物，当关系变了，关系所指的事物也要紧跟着变化，否则就会出现上面故事中这个学生所犯的错误。

4.2.2　非传递认作传递：邻居的邻居是什么关系

有一个关于阿凡提的寓言故事，话说有一次阿凡提的邻居送了他一只野兔，阿凡提便把邻居留下来用餐，做了一锅美味的兔子汤。过不久，阿凡提家里又来了一个陌生人，自称是上次那位邻居的邻居，提到了上次那只兔子，阿凡提只好款待了他。过不久，又有一群人来到阿凡提家里，都说是送野兔那位邻居的邻居的邻居，阿凡提便熬了一锅开水端到他们面前，说这是那只兔子的汤的汤，这些人见势不妙就全都走了，之后再也没有这样的人来阿凡提家里了。

在这个故事中，那些人为什么敢来阿凡提家里蹭吃蹭喝呢？无非就是因为他们是阿凡提邻居的邻居或者是邻居的邻居的邻居。从逻辑学的角度来看，"邻居"这一关系应该是对称关系和非传递关系，因此，邻居的邻居未必和阿凡提是邻居关系，邻居的邻居的邻居就更加不用说了。在这个故事中，这些蹭吃蹭喝的人的做法正是"强加关系"，把本来没有传递关系的几个事物通过传递推理的形式联系到了一起。在现实生活中，"朋友的朋友""同学的同学""亲戚的亲戚"这样的"关系"很多，但并不意味着就是"朋友""同学""亲戚"关系。

4.2.3　非对称认作对称：你怎么不相信我呢

"我对你这么好，你怎么不对我好呢""我这么相信你，你怎么不相信我呢""我这么喜欢你，你为什么就不能喜欢我""我这么讨厌你，你难道不讨厌我吗""我为你保守秘密，你为什么不为我保守秘密呢""我帮助你，你为什么不帮助我""我支持你，你为什么不支持我呢"……

上面这些话，在我们身边经常能听到，有时候我们自己也会这样觉得，其实，这是把逻辑学中的非对称关系认作了对称关系。从逻辑学的角度来看这些问题，似乎也没有什么说不通的，因为"对……好""相信""喜欢""讨厌""为……保守秘密""帮助""支持"等这些都是非对称关系，因此，如果出现了"我对你好，你不对我好""我相信你，你不相信我""我喜欢你，你不喜欢我""我帮助你，你不帮助我""我支持你，你不支持我"这些关系命题，都是能够成立的，也就没必要为此而耿耿于怀了。

4.2.4 非传递认作反传递：敌人的敌人不是敌人

"乙是甲的敌人，丙是乙的敌人，所以丙不是甲的敌人""甲讨厌乙，乙讨厌丙，所以甲不讨厌丙""甲针对乙，乙针对丙，所有甲不针对丙"……

上面这些"推理"，有时候我们自己都会觉得其中有些是正确的，比如"敌人的敌人就不是我们的敌人"等。其实，如果从逻辑学的角度来看，可以发现，"敌人""讨厌""针对"这些都是非传递关系，而前面这些例子中，都是把这些关系当做了反传递关系，并且进行反传递推理，从而得到"敌人的敌人不是敌人"这样的结论。这些结论并不是必然的，比如，三国演义中，吴国是魏国的敌人，魏国是蜀国的敌人，吴国和蜀国之间就不是敌人吗？因此，在关系命题的推理中，不能轻率地将非传递关系变为反传递关系。

4.3 关系命题的逻辑训练

4.3.1 分配科研基金

八个博士 C、D、L、M、N、S、W、Z 正在争取获得某项科研基金，按规定只有一个人能获得该项基金，而谁获得该项基金，由学校评委投票决定。评委被分成不同的投票小组。如果 D 获得的票数比 W 多，那么 M 将获取该项基金；如果 Z 获得的票数比 L 多，或者 M 获得的票数比 N 多，那么 S 将获取该项基金；如果 L 获得的票数比 Z 多，同时 W 获得的票数比 D 多，那么 C 将获取该项基金。如果 W 获得的票数比 D 多，但 C 并没有获取该项基金，那么下面哪一个结论必然正确？

A. M 获得了该项基金。

B. S 获得了该项基金。

C. M 获得的票数比 N 多。

D. L 获得的票数不比 Z 多。

【解析】正确答案是 D。推理过程如下：

首先，精简题中信息。可以将题中信息概括为这几个命题：(1) 如果 D>W，则 M；(2) 如果 Z>L 或 M>N，则 S；(3) 如果 L>Z 且 W>D，则 C；(4) W>D，非 C。由 (3) 的等价命题"如果非 C，则 L>Z 和 W>D 至少有一个不成立"和 (4) 可以得到：L>Z 一定是不成立的。因此，可以直接选择答案 D。

另外，对于选项 A，无法由 (1) 和 (4) 推出 A；对于选项 B，L>Z 的反面是 Z 大于或者等于 L，而 (2) 中的条件是 Z>L，因此也不能推出 B；选项 C 更加缺少前提，无法推出。

4.3.2　超市购物

在超市购物后，张林把七件商品放在超市的传送带上，肉松后面紧跟着蛋糕，酸奶后面接着放的是饼干，可口可乐汽水紧跟在水果汁后面，方便面后面紧跟着酸奶，肉松和饼干之间有两件商品，方便面和水果汁之间有两件商品，最后放上去的是一只蛋糕。如果上述陈述为真，那么，以下哪项也为真？

Ⅰ. 水果汁在倒数第三位置上。

Ⅱ. 酸奶放在第二位。

Ⅲ.可口可乐汽水放在中间。

A. 只有Ⅰ。

B. 只有Ⅱ。

C. 只有Ⅰ和Ⅱ。

D. 只有Ⅰ和Ⅲ。

【解析】正确答案是B。推理过程如下：

题干中给出了七件商品，需要分析它们之间的位置关系：即可以在一条直线上面依次列出它们各自的大致位置，从而能够迅速地得到结论；也可以利用关系命题的对称性和传递性逐步得到它们之间的位置关系。

根据肉松后面紧跟蛋糕，蛋糕在最后这两个命题可以得到，肉松在第六的位置；再看，肉松和饼干之间有两件商品，也就得到饼干在第三的位置；方便面后面跟着酸奶，酸奶后面放着饼干，从而可得到方便面在第一的位置，酸奶位于第二；最后，可口可乐和水果汁只能位于第五或者第六，根据可口可乐紧跟在水果汁后面，可以得到可口可乐位于第五，水果汁位于第四。

综合得到，七件商品的顺序：方便面、酸奶、饼干、水果汁、可口可乐、肉松、蛋糕，如图4-7所示。再看三个选项，只有Ⅱ是正确的，故本题正确答案应该为B。

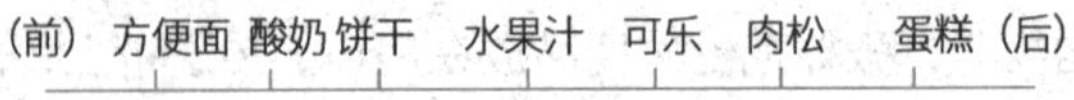

(前) 方便面 酸奶 饼干　水果汁　可乐　肉松　　蛋糕 (后)

图 4-7　七件商品位置关系

4.3.3　四级考试成绩

在英语四级考试中，陈文的分数比朱利低，但是比李强的分数高；

宋颖的分数比朱利和李强的分数低；王平的分数比宋颖的高，但是比朱利的低。

如果以上陈述为真，根据下列哪项能够推出张明的分数比陈文的分数低？

A. 陈文的分数和王平的分数一样高。

B. 王平的分数和张明的分数一样高。

C. 王平的分数比张明的高，但比李强的分数低。

D. 张明的分数比朱利的分数低。

【解析】正确答案是 C。推理过程如下：

首先，精简题干信息。我们可以发现，根据题干中前面两个描述，利用关系命题的对称性和传递性，可以得到除王平以外四人的成绩排名情况，由高到低依次是朱利、陈文、李强、宋颖，而王平的成绩在朱利和宋颖之间，如图 4-8 所示。题干要求将张明的成绩和陈文进行比较，分析各个选项：

对于选项 A，陈文和王平分数一样高，不能得到关于张明成绩高低的任何结论，因而是错误的；对于选项 B，张明分数和王平一样，只能得到张明分数在朱利和宋颖之间，因而也是错误的；对于选项 C，由王平分数比李强低，而李强分数比陈文低，可以得到王平分数比陈文低，再根据王平分数比张明高，从而得到张明分数一定比陈文的低，因而是正确答案；对于选项 D，不能确定和陈文分数的关系，也是错误的。

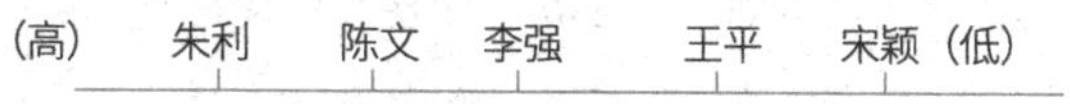

(高)	朱利	陈文	李强	王平	宋颖	(低)

图 4-8　四级分数关系

4.3.4 四层楼房

有 A、B、C、D 四个人同住一座 4 层楼的楼房里，并且每人住的楼层是不同的。另外，他们中有工程师、工人、教师和医生，并且每人只有其中一个职业身份。已知：

(1) A 比 B 住的楼层高，比 C 住的楼层低，D 住四楼；

(2) 医生在教师的楼上，在工人的楼下，工程师住一楼。

问 A、B、C、D 各住几楼？各是什么职业？

【解析】A 住二楼，职业是教师；B 住一楼，职业是工程师；C 住三楼，职业是医生；D 住四楼，职业是工人，如图 4-9 所示。推理过程如下：

在楼层方面：结合题干信息，由 D 住四楼就可以得到 A、B、C 住在一楼到三楼；由 "A 比 B 住的楼层高" 得到 B 比 A 的楼层要低，再加上 "A 比 C 住的楼层要低"，从而可以得到 B 在三人中住的楼层最低，也就是 B 住一楼，C 在三人中住的楼层最高，也就是三楼，A 住在二楼。

在职业方面：结合题干信息，由工程师住一楼，可以得到医生、教师、工人是住在二楼到四楼；同样的，由 "医生在教师的楼上" 和 "医生在工人的楼下"，可以推出教师住在最低的楼层（二楼），工人住在最高的楼层（四楼），医生住在中间楼层（三楼）。

综合上面就能得到：A 住二楼，教师；B 住一楼，工程师；C 住三楼，医生；D 住四楼，工人。

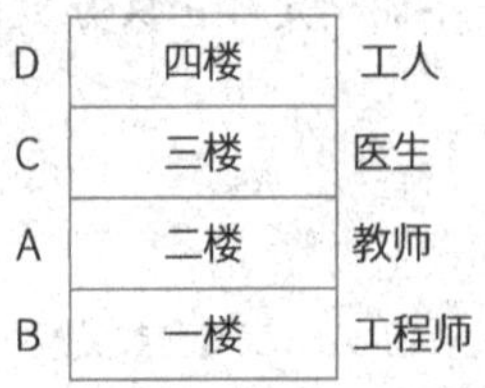

D	四楼	工人
C	三楼	医生
A	二楼	教师
B	一楼	工程师

图 4-9 楼层居住信息

4.3.5 六位旅客

北京至广州列车里坐着六位旅客：A、B、C、D、E、F。他们分别来自北京、天津、上海、扬州、南京、杭州中的一个城市。已知：

(1) A 和北京人是医生，E 和天津人是教师，C 和上海人是工程师；

(2) A、B、F 和扬州人参过军，而上海人从未参过军；

(3) 南京人比 A 岁数大，杭州人比 B 岁数大，F 最年轻；

(4) B 和北京人一起去武汉，C 和南京人一起去广州。

根据已知条件确定每位旅客来自的城市和职业。

【解析】A 来自杭州，职业是医生；B 来自天津，职业是教师；C 来自扬州，是工程师；D 来自上海，职业是工程师；E 来自南京，职业是教师；F 来自北京，职业是医生。推理过程如下：

首先，本题可以考虑先判断出其中一位旅客的城市和职业。由于四个条件中 A 旅客信息较多，故先对 A 旅客进行判断。由 (1) 可以直接得到 A 是医生，可以推理得到，A 不是北京人，不是天津人，也不是上海人；由 (2) 可以推理得到，A 不是扬州人，也不是上海人；由 (3) 可以推理得到 A 不是南京人。综合这些信息，便可以得到：A 只能是杭州人，职业是医生。

同样的，接着可以对四个条件中出现次数较多的 B 旅客进行分析。由前面结论，B 不是杭州人。由 (2) 可以推理得到，B 不是扬州人，也不是上海人；由 (4) 可以推理得到，B 不是北京人，也不是广州人。综合可以得到：B 只能是天津人，再由 (1) 可得，B 职业是教师。

接着，可以依次分析 C、F、E 和 D。对于 C，由前面结论得到：C 不是杭州人和天津人；由 (1) 可得，C 不是北京人，也不是上海人；由 (4) 可得，C 不是南京人。综合可以得到：C 只能是扬州人，职业是工程师。对于 F，由 (2) 得 F 不是上海人，由 (3) 得 F 不是南京人，因而 F 只能是北京人，职业是医生。对于 E，由 (1) 可得 E 不是上海人，因而只能是南京人，职业是教师。最后，直接可得到 D 是上海人，职业是工程师。

第 5 章

由多个简单命题构成：复合命题

05

复合命题是由多个简单命题联结在一起形成的命题。复合命题并没有我们想象得那么复杂，比如"不成功，便成仁"就可以认作一个复合命题，如图 5-1 所示。利用真值表，就能很简单地判断出一个复合命题的真假。

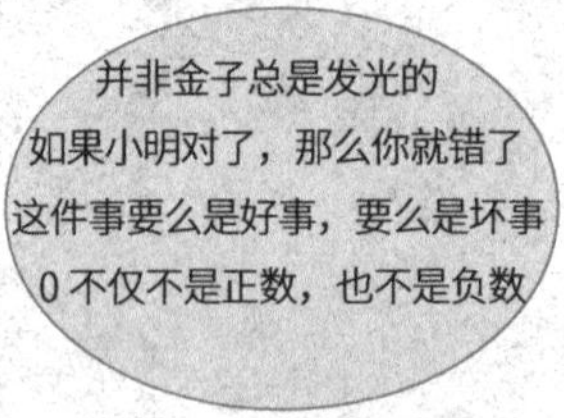

并非金子总是发光的
如果小明对了，那么你就错了
这件事要么是好事，要么是坏事
0 不仅不是正数，也不是负数

图 5-1　一些复合命题

5.1　认识复合命题

在生活中，往往需要用到复合命题来表示两个命题的关系。

了解复合命题的关键就在于那些联结简单命题的联结词，如图 5-2 所示。在逻辑学中，根据联结词，复合命题可以分成四类：联言命题、选言命题、假言命题和负命题。

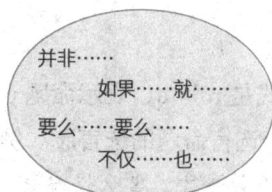

图 5-2 复合命题的关键：联结词

5.1.1 联言命题

联言命题的逻辑形式是 $p \land q$，表示命题 p 和 q 之间是并列关系。例如：

(1) 这个人不仅能干，而且善良。

(2) 这是一件物美并且价廉的商品。

(3) 鱼既是冷血动物又生活在水里。

常见的联结词有"不仅……而且……""……且……""既……又……""……和……"等。

联言命题 $p \land q$ 的真假是由命题 p 和 q 的真假共同决定的，例如，在"1 既是正数，也是奇数"这个联言命题中，因为命题"1 是正数"和命题"1 是奇数"都是真的，所以这个联言命题也是真的。总之，判断一个联言命题的真假见表 5-1。

表 5-1 联言命题真值

P	q	$p \land q$	例子
真	真	真	1 既是正数，也是奇数
真	假	假	1 既是正数，也是偶数
假	真	假	1 既是负数，也是奇数
假	假	假	1 既是负数，也是偶数

在推理的过程中，要特别注意，对于任意的联言命题，在 $p \land q$ 为真的前提下，p 和 q 同时为真，否则 p 和 q 当中至少有一个为假。

5.1.2 选言命题

选言命题的逻辑形式是 p ∨ q，表示命题 p 和 q 之间是选择关系，其中，p 或者 q 都是这个选言命题的选言肢。例如：

(1) 这个游戏中你要么是赢家，要么是输家。

(2) 盒子里面的球或者是红色的，或者是实心的。

(3) 一个人不是男人，就是女人。

常见的联结词有"要么……要么……""或者……或者……""不是……就是……"等。

选言命题的真假关系同样是由命题 p 和 q 共同决定的。要注意，(1) 和 (3) 中的 p 和 q 就是只能"多选一"，两者不能同时为真，称之为不相容选言命题；而 (2) 中 p 和 q 可以同时为真，称之为相容选言命题。相容选言命题和不相容选言命题的区别如图 5-3 和图 5-4 所示。

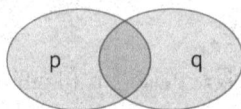

图 5-3 相容选言命题 p ∨ q

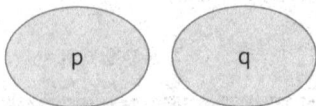

图 5-4 不相容选言命题 p ∨ q

对于不相容选言命题 p∨q，例如，"一个数要么是奇数，要么是偶数"，只有当"一个数是奇数"和"一个数是偶数"都为真或者都为假时，这个不相容选言命题才是假的，因为根本不存在这样的整数。总之，判断一个不相容选言命题 p ∨ q 的真假见表 5-2。

表5-2　不相容选言命题真假

p	q	p∨q	例子
真	真	假	一个整数是奇数，也是偶数（不存在）
真	假	真	一个整数是奇数，不是偶数 (1)
假	真	真	一个整数不是奇数，是偶数 (2)
假	假	假	一个整数不是奇数，不是偶数（不存在）

　　对于相容选言命题 p∨q，例如，对于"一个数或者不是正数，或者不是负数"，当"一个数不是正数"和"一个数不是负数"同时为假时，意味着"一个数既是正数，又是负数"，显然，这是不存在的，因此，这个相容选言命题也就是假的。总之，判断一个相容选言命题 p∨q 的真假见表5-3。

表5-3　相容选言命题真假

P	q	p∨q	例子
真	真	真	一个数或者不是正数，或者不是负数 (0)
真	假	真	一个数或者不是正数，或者是负数 (-1)
假	真	真	一个数或者是正数，或者不是负数 (1)
假	假	假	一个数或者是正数，或者是负数（不存在）

　　总之，在推理的过程中，首先要判断选言命题的类型是不相容还是相容，要注意，对于任意的选言命题，在 p∨q 为真的前提下，p 和 q 不能同为假；而对于不相容选言命题，在 p∨q 为真的前提，p 和 q 不能同为真。

5.1.3　假言命题

假言命题表示的是命题 p 和 q 之间条件的关系。例如：

(1) 如果一个整数不是奇数，那么它是偶数。

(2) 一个人只有是诚实守信的，才能是值得信赖的。

(3) 一个四边形是长方形当且仅当四个角是直角。

常见的联结词有："如果……就……""没有……就没有……"
和"……当且仅当……"等。

通常,位置在前面的命题 p 叫作前件,位置在后面的命题 q 称为后件。

(1) 表示的是"如果 p,那么 q"的形式,其中,p 是 q 的充分条件。
也就是说,只可以由 p 推导得到 q,不能由 q 推导得到 p。这种形式的
就叫作充分条件假言命题,记为 p→q。常见的联结词还有"只要……
就……""一旦……就……"和"若……要……"等。此外,还可以采
用如图 5-5 所示的形式来表示 p 和 q 之间的关系,在充分条件假言命题
p→q 中,满足条件 p,q 就一定是成立的,例如,"如果一个数大于 4,
那么这个数必定大于 2",因此,q 表示的范围一定比 p 大,并且包含了 p。

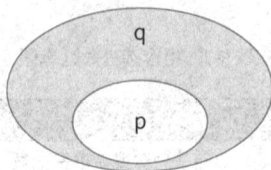

图 5-5　充分条件假言命题 p→q

对于充分条件假言命题 p→q 的真假,只能由 p 推导出 q,也就是
说 p 为真时 q 一定为真;如果 q 为假的话,那么这个假言命题就是假的。
总之,判断一个充分条件假言命题 p→q 的真假见表 5-4。

表 5-4　充分条件假言命题真假

p	q	p→q
真	真	真
真	假	假
假	真	真
假	假	真

(2) 表示的是"只有 p,才能 q"的形式,其中,p 是 q 的必要条件。
也就是说,只可以由 q 推导得到 p,不能由 p 推导得到 q。这种形式的

就叫做必要条件假言命题，记为 p ← q。常见的联结词还有"没有……
没有……""除非……不……"和"不……不……"等。此外，还可以
采用如图 5-6 所示的形式来表示 p 和 q 之间的关系，在必要条件假言命
题 p ← q 中，只有满足条件 p，q 才可能是成立的，当然也可能不成立，
例如，"只有一个数是整数，才能是奇数"。也就意味着不满足条件 p，
q 就一定不成立，因此，p 表示的范围一定比 q 大，并且包含了 q。

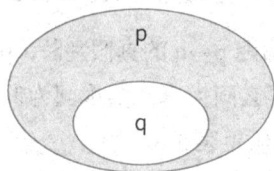

图 5-6　必要条件假言命题 p ← q

对于必要条件假言命题 p ← q 的真假，只能由 q 推导出 p，也就是说，
q 为真时，p 一定为真；如果此时 p 为假，那么这个假言命题就是假的。
总之，判断一个必要条件假言命题 p ← q 的真假见表 5-5。

表 5-5　必要条件假言命题真假

p	q	p ← q
真	真	真
真	假	真
假	真	假
假	假	真

(3) 表示的是"p 当且仅当 q"的形式，其中，p 是 q 的充分必要命
题。也就是说，既可以由 p 推导得到 q，也能由 q 推导得到 p。这种形
式的就叫做充分必要条件假言命题，记为 p↔q。常见的联结词还有"只
要……就……并且只有……才……"等。此外，还可以采用如图 5-7 所
示的形式来表示 p 和 q 之间的关系，在充分必要条件假言命题 p↔q 中，
只要满足条件 p，q 就一定是成立的，反过来，满足条件 q，p 也一定成立，

例如，"一个数是正数当且仅当它大于 0"，因此，p 和 q 的范围应该是一致的，也就是 p 和 q 之间是等价的。

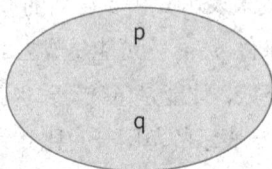

图 5-7　充分必要条件假言命题 p ↔ q

对于必要条件假言命题 p↔q 的真假判断，p 和 q 可以互为条件，不能矛盾，也就是 p、q 要么同为真，要么同为假。总之，判断一个必要条件假言命题 p↔q 的真假见表 5-6。

表 5-6　充分必要假言命题真假

p	q	p ↔ q
真	真	真
真	假	假
假	真	假
假	假	真

总之，辨别充分条件和必要条件的关键是认清楚哪个是前提，哪个是结论。例如，如果由 p 能推出 q，则 p 是 q 的充分条件，q 是 p 的必要条件。

5.1.4　负命题

负命题的形式一般是"并非 p"，记为 ¬p，表示对命题 p 的否定。例如：

(1) 并非所有人都是好人。

(2) 并非无商不奸。

(3) 并非有些人不在场。

负命题 ¬p 的真假和命题 p 刚好是互相矛盾的关系，如图 5-8 所示。

因此，两者只能是一真一假，要么你真我假，要么你假我真。例如，对于负命题"并非 0 是正数"，因为命题"0 是正数"是假的，所以这个负命题是真的。总之，判断一个负命题 ¬p 的真假见表 5-7。

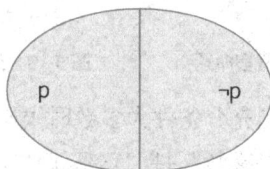

图 5-8 负命题 ¬p

表 5-7 负命题真假

p	¬p	例子
真	假	并非 0 是正数
假	真	并非 0 不是正数

5.2 逻辑错误

5.2.1 充分和必要混淆："就……"和"才……"

"成绩达到 90 分以上，才能获得评优资格"和"成绩达到 90 分以上，就能获得评优资格""只有一个数是整数，才能是偶数"和"如果一个数是整数，就是偶数""只有三角形三条边相等，才能是等边三角形"和"如果三角形三条边相等，就是等边三角形"……

上面每个例子中，都包含一个充分条件假言命题和一个必要条件假言命题，但是许多人往往将假言命题的充分条件和必要条件相混淆。其实，对于假言命题中的充分条件和必要条件，可以用作图的方法来加以区别，用大圆代表小圆的必要条件，因为只有大圆代表的命题成立之后，小圆代表的命题才能成立，前者所包含的范围必定比后者大；换种说法就是，小圆就是大圆的充分条件，如果小圆所代表的命题成立，显然也就意味着外面的大圆也是成立的。第一个例子如图 5-9 和图 5-10 所示。

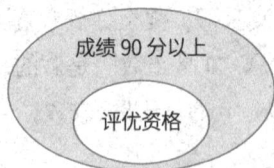

图 5-9　必要条件假言命题　　　图 5-10　充分条件假言命题

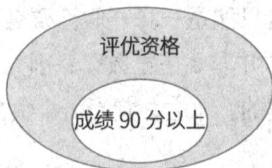

此外，还应该注意到充分条件大多数时候不能当做必要条件，在第二个例子中，"一个数是整数"是"它是偶数"的必要条件，而不能当做充分条件；但有些时候两者也可以等同，这个时候其实就是一个充分必要条件假言命题了，在第三个例子中，"三角形三边相等"既是"它是等边三角形"的充分条件，也是必要条件，这时候也就意味着这两个命题是等价的，如图 5-11 所示。

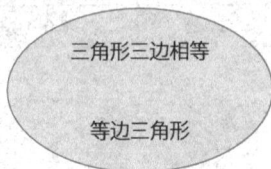

图 5-11　等价关系

5.2.2　相容变成不相容：要么数学成绩好，要么语文成绩好

"这次行动如果一定要有人去的话，要么你去，要么我去""要么数学成绩好，要么语文成绩好""要么这个数是非负数，要么这个数是非正数""一个三角形要么是等腰三角形，要么是直角三角形"……

在上面这些例子中，可以看到这些不相容选言命题的选言肢事实上是可以相容的，如图 5-12 所示，也会是把相容的情况变成不相容的情况。比如，第一个例子中，这次行动是可以我和你一起去；第二个例子中，是存在数学成绩和语文成绩都好这种情况的；第三个例子中，我们都知道 0 既是非负数也是非正数，因此，它们并不是不相容的；第四个例子中，我们也知道有一类三角形是等腰直角三角形……

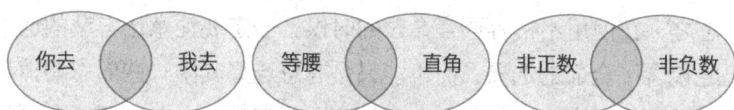

图 5-12　这些选言命题是相容的

总结一下，这些例子中将"可以选多"这种相容的情形变成了"非选其一"这种不相容的情形，这是不符合选言命题的逻辑的。

5.2.3　虚假两分：一个数要么是正数要么是负数

"一个数要么是正数，要么是负数""这顿饭要么你请客，要么我请客""手机坏了，要么换手机，要么不用手机""这次国足比赛，要么胜，要么负""一个人不是好人，就是坏人"……

对于上面这些不相容命题，可以发现它们的选言肢并没有包含所有的情况，也就是还有其他的选择。第一个例子中，0 就既不是正数，也不是负数，这种情况并没有包含在其中；第二个例子中，这顿饭不只是一方请客，还可以选择双方平摊；第三个例子中，手机坏了可以不换手机，更没必要不用手机，还可以选择维修；第四个例子中，足球比赛除了胜负，还可能是平；第五个例子中，人可以不是好人也不是坏人……

特别地，如果事实上有多种选择，却被认为只能从中二者选其一，有意忽视另外的选择，则这种逻辑错误又叫做"虚假两分"或者"非黑即白"。同样的，可以用作图的形式来形象地认识上面这些"虚假两分"的例子，其中，大圆代表所有选择的范围，里面实线的小圆代表选言命题中已经出现的选择，而虚线的小圆代表选言命题中不包含的选择，如图 5-13 所示。

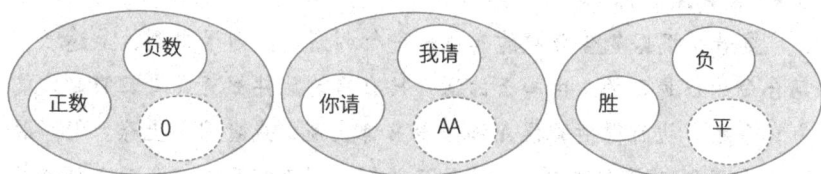

图 5-13　"虚假两分"的例子

总之，在使用不相容选言命题的时候，一定要注意选言肢的选取是否已经包含了全部的选择，而不能只是有意选择其中一些而忽略掉另一些。在遇到不相容选言命题时，也一定要提高警惕，考虑到所有可能的选择，不被人忽悠。

5.3 复合命题的逻辑训练

5.3.1 预测股票

李明、王冰、马云三位股民对 A 股和 B 股分别做了如下预测：

李明：只有股票 A 不上涨，股票 B 才不上涨。

王冰：股票 A 和股票 B 至少有一种不上涨。

马云：股票 A 上涨当且仅当股票 B 上涨。

若三个人的预测都为真，则以下哪项符合他们的预测？

A. 股票 A 上涨，股票 B 不上涨。

B. 股票 A 不上涨，股票 B 上涨。

C. 股票 A 和股票 B 均上涨。

D. 股票 A 和股票 B 均不上涨。

【解析】正确答案是 D。本题考察了复合命题的真值表。

首先，分析三位股民的预测。李明的话是必要条件假言命题"股票 A 不上涨←股票 B 不上涨"，王冰的话是一个相容选言命题"股票 A 不上涨∨B 不上涨"，马云的话是一个充分必要条件假言命题"股票 B 上涨↔股票 A 上涨"。

接着，根据复合命题的真值表进行判断。由题干得到，上述三个复合命题都是真的。由马云的话，只有当前后件都真或者都假时才能为真命题，从而得到股票 A 和股票 B 都上涨，或者都不上涨。但当股票 A 和股票 B 都上涨时，王冰的话为假，因为相容选言命题在每个部分都假时是假的。接着，当股票 A 和股票 B 都不上涨时，这时李明说的也是真命题。因此，只有当股票 A 和股票 B 都不上涨时，才符合三个人的预测。

5.3.2　预测比赛名次

全运会男子 10000 米比赛，山东、北京、河南派了三名运动员参加。赛前四名体育爱好者在一起预测比赛结果。

甲断言："传统强队山东队训练很扎实。这次比赛前三名非他们莫属。"

乙则说："据我估计，后起之秀北京队或者河南队能够进前三名。"

丙预测："第一名如果不是山东队的，就是北京队的。"

丁坚持："今年与去年大不相同了，前三名山东队最多能占一席。"

比赛结束后，发现四人中只有一人的预测是正确的。那么，以下哪项最可能是该项比赛的结果？

A.第一名山东队，第二名山东队，第三名山东队。

B.第一名山东队，第二名河南队，第三名北京队。

C.第一名北京队，第二名山东队，第三名河南队。

D.第一名河南队，第二名山东队，第三名山东队。

【解析】正确答案是 D。本题考察了选言命题。

首先，寻找突破口。甲说的是全称肯定命题，乙说的是选言命题。根据题意，可以知道甲与乙的预测是矛盾的，也就是甲和乙当中一个为真，另一个为假。而四人中只有一人的预测是正确的，这时候不妨使用假设的方法。假定甲的预测是正确的，即山东队包揽比赛前三名，那么丙的预测也是正确的，这与题意不合。因此，只能是甲的预测错误，乙的预测正确，丙和丁的预测也错误。

由丙的话为假，可知：第一名既不是山东队也不是北京队，故是河南队；又由丁的话为假，可知前三名中山东队不止一席，而是两席，于是得出排名：第一名是河南队，第二和第三名都是山东队。因此，本题答案为 D 选项。

5.3.3　军训成绩

军训最后一天，一班学生进行实弹射击。几位教官谈论一班的射击成绩。

张教官说："这次军训时间太短，这个班没有人的射击成绩会是优秀。"

孙教官说："不会吧，有几个人以前训练过，他们的射击成绩会是优秀。"

周教官说："我看班长或者体育委员能打出优秀成绩。"

结果发现三位教官只有一人说对了。由此可以推出以下哪一项肯定为真？

A.全班所有人的射击成绩都不是优秀。

B.班里有人的射击成绩是优秀。

C.班长的射击成绩是优秀。

D.体育委员的射击成绩不是优秀。

【解析】正确答案是 D。本题考察了选言命题。

首先，简化题干信息。张教官说的是全称否定命题：所有人的射击成绩都不是优秀；孙教官说的是特称肯定命题：有人的射击成绩是优秀；周教官说的是一个选言命题：班长或者体育委员的射击成绩是优秀。

接着，寻找突破口。由全程否定命题和特称肯定命题之间是矛盾关系，可以得到：张教官和孙教官两人说的之间，有一句真话，一句假话。

再根据题干条件，只有一人说了真话，那么周教官的话一定是假话，因而得到班长和体育委员的射击成绩都不是优秀。这时候，只有选项 D 是符合的，故 D 为正确答案。

5.3.4　必须的惩罚

某汽车司机违章驾驶，交警向他宣布处理决定："要么扣留驾驶执照三个月，要么罚款 1000 元。"司机说："我不同意。"如果司机坚持己见，那么，以下哪项实际上是他必须同意的？

A. 扣照但不罚款。

B. 罚款但不扣照。

C. 既不罚款也不扣照。

D. 既罚款又扣照。

E. 如果做不到既不罚款也不扣照，那么就必须接受既罚款又扣照。

【解析】正确答案是 E。本题考察了不相容选言命题。

司机不同意交警说的，而交警说的是一个不相容选言命题，因此，司机同意的是这个选言命题的否定。根据不相容选言命题的真值表，如果选言命题为假时，那么 p 和 q 同为真，或者 p 和 q 同为假。因此，该司机同意的应该是"既不罚款也不扣照或者既罚款又扣照"，从而可以推出选项 E 也是成立的。

5.3.5　谁能夺冠

某地足球赛经过预赛和复赛后，甲、乙、丙和丁四个队进入半决赛。体育爱好者小张、小陈、小徐和小唐在一起推测这四个队中哪个队能在即将来临的半决赛和决赛中获胜从而获得冠军。

小张认为，甲队在预赛和复赛中胜得艰苦，因此甲队将不是冠军。

小陈说，丁队队员年轻，拼劲足，技术进步快，加之教练足智多谋，善于调兵遣将，因此比赛结果将是以新手为主的丁队夺得桂冠。

小徐则确信，乙队队员讲究配合，全队攻守平衡，所以乙队将夺魁。

小唐表示，除了丁队以外，其余三队都有可能夺冠，因为丁队队员比赛经验不足。

半决赛、决赛的情况表明，他们四人中只有一人猜测是正确的。请问：这四个队中哪个队夺得冠军？

如果半决赛、决赛的情况表明他们四人中只有一人的猜测是错误的，那么，冠军又属于哪个队？

【解析】如果只有一人猜对，那么甲队夺冠；如果只有一人猜错，那么乙队夺冠。

首先，精简题目信息。小张：甲队不是冠军；小陈：丁队夺冠；小徐：乙队夺冠；小唐：甲、乙或丙夺冠。

如果只有一人猜对的话，可以先寻找突破口，也就是两者不能同真。由小陈和小唐说的，可以得到这两个命题是矛盾关系的，因此其中必定有一个假命题，另一个为真命题。接下来，假设小陈说的是真，那么小张说的也为真，与题目要求不符。因此，小陈说的为假，小唐说的为真，从而得到小张和小徐说的都是假命题，也就得到"甲是冠军"。

如果只有一人猜错的话，同样先找突破口，即两者不能同假。由前文就已经知道小陈和小唐说的，其中一个为真，另一个为假。如果小陈说的为真，则有小唐、小徐说的为假，与题目要求不符。因此，小陈说的是假命题，其他命题均为真命题，也就是"乙队夺冠"。

第 6 章

最常用的演绎推理：
三段论

06

三段论是一种重要的演绎推理，在我们的日常生活中应用非常广泛。我们在辩论、写作时，都经常以三段论的形式来阐述自己的观点。但并不是所有的三段式都能称为三段论，三段论必须遵守一定的规则。

6.1　认识三段论

三段论是一种经典的演绎推理。本节首先介绍了逻辑学当中的推理，其次介绍了三段论的结构，最后重点讲到了三段论的规则。三段论推理必须遵守一定的规则，只有符合规则的三段论，得到的结论才是可靠的。

6.1.1　什么是推理

在了解三段论之前，需要先了解一下逻辑学中的推理。推理就是由已知的条件（前提）推出新的结论。在逻辑学中，推理又可以根据不同的标准进行分类，如图 6-1 和图 6-2 所示。

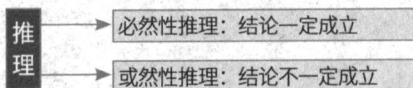

图 6-1　按结论可靠性分类

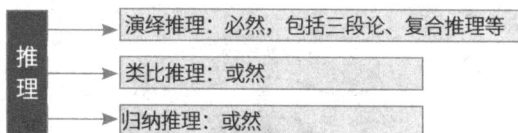

图 6-2 按推理形式来分类

三段论是一种简单的演绎推理，由大、小两个前提，一个结论组成。它是一种从一般推出特殊的推理，因此它的结论是可靠的，是必然性推理。下面就是一个简单的三段论推理：

前提：这次考试 5 班的学生都及格了；

小明是 5 班的学生。

结论：这次考试小明也及格了。

在日常生活中，三段论经常被用来阐述某个观点，这是一种简洁有力的方法。这时候，大前提通常都是引用的某些一般性原理，小前提往往是个别的特殊性事件，从而得到有说服力的结论。例如，在司法过程中，法庭审判的环节其实就是三段论的推理过程，可以认为它的大前提就是法律法规，小前提是客观事实。

6.1.2 直言三段论的结构

直言三段论的三个命题都是直言命题，也是最基本的三段论的形式，下面就是一个直言三段论：

前提：所有的鱼是冷血动物；

所有的鲨鱼是鱼。

结论：所有的鲨鱼都是冷血动物。

仔细分析上面这个直言三段论，可以发现其中三个直言命题均包含了"鱼""冷血动物"和"鲨鱼"，它们占据着直言命题中主项或谓项的关键位置。在三段论中，两个前提和结论的主项、谓项又可以分为大、中、小三项。在这个三段论中，"鱼"是中项，"冷血动物"是大项，鲨鱼是小项，它们之间的关系如图 6-3 所示。

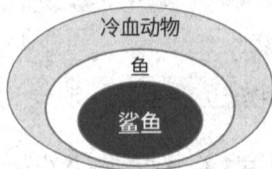

图 6-3　三段论大、中、小三项的关系图

通常，在一个完整的直言三段论中，包括下面这些结构：

小项：结论的主项，用 S 表示，如"鲨鱼"。

大项：结论的谓项，用 P 表示，如"冷血动物"。

中项：结论中不出现，在两个前提中出现，用 M 表示，起连接作用，
　　　　如"鱼"。

大前提：包含大项，如"所有的鱼是冷血动物"。

小前提：包含小项，如"所有的鲨鱼是鱼"。

像上述的直言三段论可以用逻辑符号进行简化，从而得到如下的标
准形式：

大前提：所有的 M 都是 P。（MAP）

小前提：所有的 S 都是 M。（SAM）

结论：所有的 S 都是 P。（SAP）

当然，直言三段论还有一些其他的形式。主要区别在于直言命题的
形式不同，比如：

大前提：所有的鱼都是冷血动物。（PAM）

小前提：所有的冷血动物都不是哺乳动物。（MES）

结论：所有的鱼都不是哺乳动物。（SEP）

6.1.3　直言三段论的规则

首先，有必要引进逻辑学中的一个重要术语"周延"。什么是周延呢？
结合我们之前学过的概念的外延就很好理解了。

对于直言命题的主项或者谓项，如果表示的范围是全部外延，就说

是周延的，否则就说是不周延的。例如，"所有的奇数都是整数"，主项"奇数"表示这一概念的全部外延，而谓项"整数"则表示这一概念的部分外延。因此，主项"奇数"是周延的，谓项"整数"是不周延的。

总结可以发现，主(谓)项的周延性与直言命题的形式是直接相关的，由此见表 6-1：

表6-1 直言命题主（谓）项周延性

直言命题类型	主项	谓项	例子
A	周延	不周延	所有在场的人都是医生
E	周延	周延	所有在场的人都不是医生
I	不周延	不周延	有些在场的人是医生
O	不周延	周延	有些在场的人不是医生

接下来，进一步探讨构成直言三段论的一些基本规则。

1. 大、中、小项只能对应三个不同的概念

每一个三段论都包含了大项、中项和小项三个词，它们是三个不同的概念，中项是三段论中大前提和小前提共有的词。如果出现了三个以上的概念的话，它们之间就不能构成三段论了。

要注意，相同的词也可能表达不同的概念。如图 6-4 所示：

大前提：书架上的书不是一天能看完的。

小前提：这本小说是书架上的书。

结论：这本小说不是一天能看完的。

显然，这个推理过程是错误的。这就是因为同一个词语在不同的语境下所表示的概念不尽相同。在这个例子中，虽然大前提和小前提中具有共同的词"书架上的书"，但是两者表示的概念是不一样的。大前提中是一个集合概念，表达的是书架上所有书构成的整体；而在小前提中是非集合概念，表达的只是书架上的某一本书，是单独的个体，而没有整体的含义。因此，其实在这个三段论中出现了四个概念，它不是正确、

合理的直言三段论。

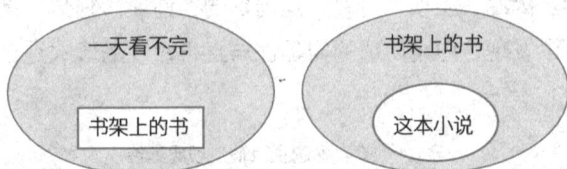

图6-4　中项分别表示整体和个体（错误）

2. 对于中项，必须在两个前提中至少周延一次

在一个有效的三段论中，它的中项必须起到牵线搭桥的作用，也就是说，必须要使得大项和小项之间发生联系。例如：

大前提：所有的鸟都是卵生动物。（中项周延）

小前提：所有的麻雀都是鸟。（中项不周延）

结论：所有的麻雀都是卵生动物。（正确）

这个三段论如图 6-5 所示。显然，尽管小前提的中项"鸟"不周延，但是在大前提里面中项"鸟"是周延的，所以三段论的形式是正确的。

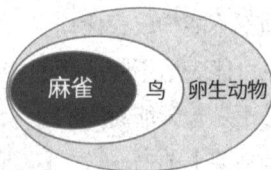

图6-5　中项一处周延（正确）

同样可以得到，如果在两个前提里面中项都周延，则整个三段论的形式也是正确的，如图 6-6 所示：

大前提：所有的鲸鱼都是生活在水里的动物。（中项周延）

小前提：所有的鲸鱼都是哺乳动物。（中项周延）

结论：有的哺乳动物是生活在水里的动物。（正确）

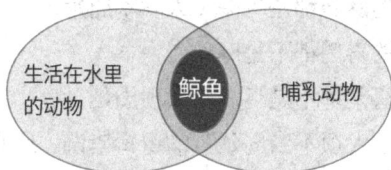

图6-6　中项均周延（正确）

那么，如果在两个前提中中项都不周延，也就是说两个前提都只包含中项的一部分外延，就可能存在如下的情况。如图6-7所示：

大前提：所有偶数都是整数。（中项不周延）

小前提：所有正整数都是整数。（中项不周延）

结论：所有的偶数都是正整数。（错误）

在这个推理中，两个前提都是全称肯定命题，并且中项"整数"在两个前提中均是谓项，因此都是不周延的。根据常识，上面这个推理的结论"所有的偶数都是正整数"是错误的。总之，中项均不周延的两个前提并不能形成直言三段论的推理过程。

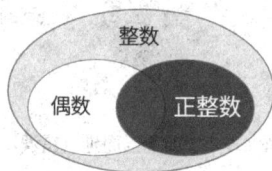

图6-7　中项均不周延（错误）

总地来说，在一个有效的三段论推理过程中，两个前提的中项必须至少周延一次。否则，就会造成"中项均不周延"的逻辑错误。

3. 对于大、小项，不周延不能变为周延

通俗地说，就是不能以偏概全，由部分推导整体。严谨地来说，三段论只能是一种明确的推理过程，如果大项或者小项在前提中不周延，相应地在结论中却是周延的，则这个推理过程得到的结论就不一定可靠，就在逻辑上产生了错误。如图6-8所示：

大前提：所有的麻雀都是鸟。（大项不周延）

小前提：所有的喜鹊都不是麻雀。

结论：所有的喜鹊都不是鸟。（大项周延）

这个例子犯了"大项不当周延"的逻辑错误。还有"小项不当周延"的逻辑错误，如图 6-9 所示：

大前提：所有的鸵鸟是不会飞的动物。

小前提：所有的鸵鸟都是鸟类。（小项不周延）

结论：所有的鸟类都是不会飞的动物。（小项周延）

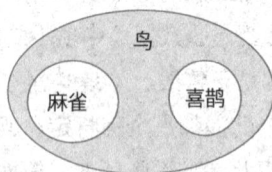

图 6-8　大项不当周延（错误）

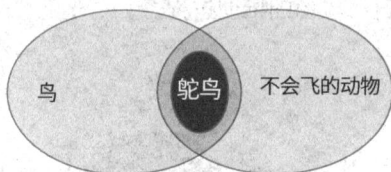

图 6-9　小项不当周延（错误）

4. 两个前提不能都是否定命题

假如给你如下的两个否定前提：所有的梨子都不是苹果，这些水果不是梨子。你能推导出什么必然的结论呢？

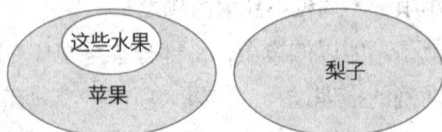

这些水果都是苹果。

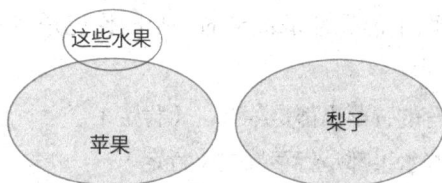

这些水果有些是苹果。

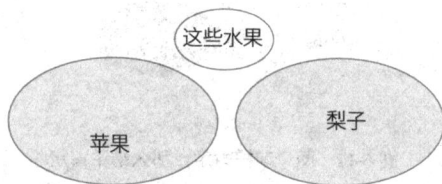

这些水果都不是苹果。

图 6-10　两个否定命题不能推出确定的结论

显然，根据给出的两个前提，如图 6-10 所示，a、b、c 三种情形均有可能。因此，由这两个否定的前提不能推出一个可靠的必然的结论，"梨子"这个中项根本就没有起到任何连接作用。所以，直言三段论的两个前提不能都是否定命题。

特别的，如果前提中只有一个否定，那么三段论是可以成立的，并且结论也是否定的。如图 6-11 所示：

大前提：所有的梨子都不是苹果。（否定）

小前提：这些水果是梨子。（肯定）

结论：这些水果不是苹果。（否定）

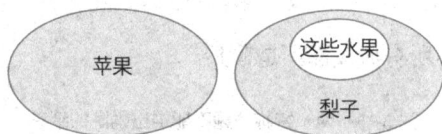

图 6-11　只有一个前提否定，那么结论否定

另外，如果两个前提都是肯定的，则结论也是肯定的。如图 6-12 所示：

大前提：所有的青苹果都是苹果。（肯定）

小前提：这些水果都是青苹果。（肯定）

结论：这些水果都是苹果。（肯定）

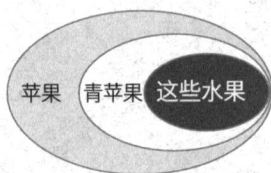

图 6-12　两个前提肯定，那么结论肯定

5. 两个前提不能都是特称命题

假如给你两个特称命题：这些人有些是男人，这些人有些是警察。你能推导出什么必然的结论吗？

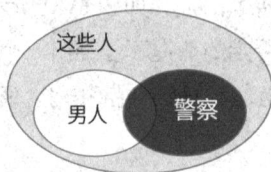

a. 这些人中有些男人是警察。

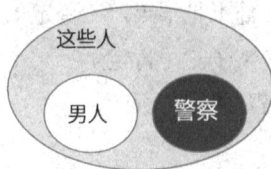

b. 这些人中所有男人都不是警察。

图 6-13　两个特称命题不能推出确定的结论

显然，以上面两个特称命题为前提，如图 6-13 所示，a、b 两种情形

都有可能，无法推出一个必然的结论。总之，两个特称命题放到一起不能形成三段论的两个前提。

特别的，如果三段论中只含有一个特称命题，那么它的结论一定也是特称命题。如图 6-14 所示：

大前提：在场的有些人是男人。（特称）

小前提：所有在场的男人都是警察（全称）

结论：在场的有些人是警察。（特称）

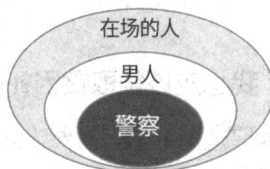

图 6-14　前提有一个特称，结论也为特称

6.2　逻辑错误

6.2.1　结论极端：救护车不该闯红灯

"既然汽车不能闯红灯，救护车属于汽车，所以救护车不能闯红灯"……

在上面这个例子中，可以发现这样的三段论推理的结论都过于极端，整个过程看似有理，其实是根据一般性的前提来推出极端性的结论，明显前提和结论的适应范围各不相同，也就可以应当做两个不同的概念来看待，根据"三项不能表示四个概念"，因此它的结论是错误的。其实，利用三段论的规则仔细分析，可以发现两个前提里面中项所指的外延范围其实是不同的，只不过上面这些例子故意将两者混为一谈了。例如：

在上面这个例子中，对于"汽车不能闯红灯"这个前提，"汽车"所指的范围应该是交通法规所限定的，这里面其实就不包括救护车、警车等特殊车辆；而在前提"救护车属于汽车"中，这里的"汽车"应该是一个车辆类别，区别于"非机动车"，显然，这个前提里"救护车"是包含在"汽车"范围内的。既然两者的范围都不同，因此，这个三段论最后得到的结论也就是荒谬的了。

总之，对于三段论的大、中、小项，尤其是中项，一定要注意它在两个前提中所指的范围是否一致，如果不一致，那么得到的结论就可能不可靠。有些三段论，往往采用上述手段，从而得到一些明显极端的特殊性结论。

6.2.2　前提极端：我也应该领取贫困补助

"山区贫困户能够领取贫困补助，既然人人平等，我们城里人也应该领取贫困补助""身高 1.2 米以下的儿童免票，既然都是儿童，我家小孩身高只高一点儿，也应该免票""在校学生出示学生证可以半价优惠，既然人人平等，我虽然不是学生应该也要半价优惠"……

上面这些三段论的例子，虽然听起来蛮不讲理，但是在现实生活中却非常常见。为什么这些三段论都是不成立的呢？可以从逻辑学的角度来一一分析。首先，可以发现这些三段论有个共同点，即三段论除了一个一般性的前提以外，还包含了一个比较特殊的前提，甚至比较极端的前提，这个前提并不具有代表性。如果仔细分析，还可以看出这个极端的前提和结论是相矛盾的。例如：

第一个三段论中极端前提是"山区贫困户才能领取补助"，而结论中"我是城里人"，这明显与前提不符，仅仅凭借一个一般性前提"人人都要平等"也是推不出这个结论的，因此，这个三段论的结论是不成立的；同样的，第二个三段论中，既然结论中已经表明"身高高一点儿"，这就说明不符合前提"身高 1.2 米以上才能免票"，因此结论也是荒谬的；同样的还有第三个例子。

在现实生活中经常会遇到这种强词夺理的三段论，它们都以一些比较苛刻的条件为前提，即"极端前提"，再加上一个一般性的前提，企图达到说服他人的目的。这时候只要注意分析这些三段论的结论，看它们是不是满足极端前提，如果不满足的话，那这个三段论就是错误的。

6.2.3 诉诸平均：这个公司平均工资很高

"这个公司的员工平均工资很高，小李是这个公司的员工，所以小李工资很高""这个县的居民人均收入很高，××村属于这个县，所以××村的人均收入很高""小明的七科平均成绩是 67 分，这个分数是及格的，数学也是七科中的一科，所以小明的数学成绩一定及格了"……

上面这些例子，仔细分析不难发现，它们虽然采用了三段论的推理形式，但是忽略掉了平均和个体之间的关系，误以为"平均"就意味着"所有"，而没有考虑各个单独的个体的差别。显然，这样得到的结论是不可靠的。例如，在第一个例子中，公司员工的工资很高并不意味着公司里面每一个人的工资都很高。虽然小李是这个公司的员工，但其有可能是基础岗位的员工，拿着较低的薪水；第二个例子中，这个县的人均收入是一个总体的数据，相对来说，其中各个村的平均收入可以看作个体数据，总体的平均数很高并不代表各个村的平均收入也很高；类似的，还有第三个例子，有可能数学没及格，但是语文考得比较高，从而平均成绩及格了……

总之，在逻辑推理过程中，要警惕使用"平均"这一集合概念。推理前提中的"平均"，并不能推出它在某个个体或者某部分也是成立的。

6.3 三段论的逻辑训练

6.3.1 电磁感应定律

近代法国著名科学家法拉第发现了电磁感应定律，但是由于他不能用最科学、最严密的语言表达出来，因此一直没有得到科学界的承认，直到麦克斯韦完整地表述了这一规律，才得到人们的正式承认。如果上述陈述为真，那么下列哪项陈述一定为真？

A. 麦克斯韦比法拉第聪明。

B. 语言表达能力是很重要的。

C. 科学语言是最严密、最科学的。

D. 只要一个人表达能力强，就更容易赢得人们的承认。

【**解析**】正确答案是 B。本题考察的是对省略的三段论的理解。

首先，可以梳理题中关键信息。注意保持语句前后形式的一致，如下：

前提：法拉第的发现不能用最科学、最严密的语言完整地表达。

结论：科学界不承认法拉第的发现。

前提：麦克斯韦的发现能用最科学、最严密的语言完整地表达。

结论：科学界承认麦克斯韦的发现。

显然，不能直接从前提推导出结论。可以得到，这应该是两个省略的三段论。它们所共同省略的大前提是：科学界承认的是能用最科学、最严密的语言完整表述的发现（PAM）。根据这个大前提，二人的语言表达能力是电磁感应规律是否被承认的关键，故正确的答案应该是 B。

6.3.2　鉴定植物

植物必须先开花才能产生种子。有两种龙蒿——俄罗斯龙蒿和法国龙蒿，它们看起来非常相似，俄罗斯龙蒿开花而法国龙蒿不开花，但是俄罗斯龙蒿的叶子却没有那种使法国龙蒿成为理想的调味品的独特香味。从以上论述中一定能推出以下哪项结论？

A. 作为观赏植物，法国龙蒿比俄罗斯龙蒿更令人喜爱。

B. 俄罗斯龙蒿的花可能没有香味。

C. 由龙蒿种子长出的植物不是法国龙蒿。

D. 除了俄罗斯龙蒿和法国龙蒿外，没有其他种类的龙蒿。

【解析】正确答案是C。本题考察的是直言三段论的结论。

题干中包含的信息比较多，选项也各异。可以逐选项进行判断：

对于选项A，题干中仅有的相关信息就是"看起来非常相似"，并没有进一步从观赏性方面来比较两种植物，因此可以排除；

对于选项B，题干中并没有提及花的香味，可以排除；

对于选项C，题干中相关的信息有"植物必须先开花才能产生种子"，"法国龙蒿不开花"，显然这两个命题可以构成两个前提，可以推出"法国龙蒿不能产生种子"，如图6-15所示，也就得到C选项是正确的；

对于选项D，题干中也只是介绍了两种龙蒿，并未说明有无其他种类，故是错误的。

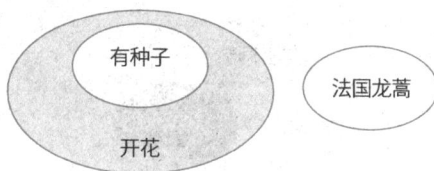

图6-15　三项关系图

6.3.3　校庆讲话

某学校校长在校庆大会上讲话时说："我们有许多毕业同学以自己的努力已在各自领域中获得了优异成绩。他们有的已成为科学家、将军、市长、大企业家，我们的学校以他们为骄傲。毋庸置疑，我们已毕业同学中有许多女同学……"

如果该校长讲话中的断定都是真的，那么以下哪项必定是真的？

A. 取得优异成绩的全部是女同学。

B. 取得优异成绩的至少有女同学。

C. 取得优异成绩的女同学多于男同学。

D. 取得优异成绩的可能没有女同学。

【解析】正确答案是 D。本题考察了三段论的规则。

首先，简化题干信息。根据题干中校长的讲话，可以得到两个和选项有关的特称肯定命题：有些毕业同学取得了优异成绩，有些毕业同学是女同学。根据直言三段论的规则"两个特称命题不能构成三段论的前提"，也就得到，根据这两个特称命题，不能得到任何必然的结论，而是如图 6-16 所示，可能存在两种情形。接着，再来分析各个选项，对于 A、B 和 C 三个选项，都是必然的；只有 D 选项是表示可能的，符合情形 a，也是这两个特称命题可以得到的一种可能的情形，因而正确答案选择 D。

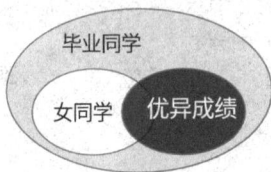

a. 毕业同学中有些女同学取得优异成绩

b. 毕业同学中没有女同学取得优异成绩

图 6-16　可能的两种情形

6.3.4　理财观念

某公司员工都具有理财观念。有些购买基金的员工买了股票，凡是购买地方债券的员工都买了国债,但所有购买股票的员工都不买国债。根据以上前提，以下哪个选项一定为真?

A. 有些购买了基金的员工没有买地方债券。

B. 有些购买了地方债券的员工没有买基金。

C. 有些购买了地方债券的员工买了基金。

D. 有些购买了基金的员工买了国债。

E. 有些购买了股票的员工没有买基金。

【解析】正确答案是 A。根据题干得到如图 6-17 所示关系图，推理过程如下：

对于选项 A，根据题干，凡是购买地方债券的员工都买了国债，所有购买股票的员工都不买国债，可以形成三段论的两个前提，得到结论(1)：所有购买股票的员工都不买地方债券。再根据有些购买基金的员工买了股票，可以形成三段论的两个前提，从而得到结论(2)：有些购买基金的员工不买地方债券。因此 A 是真的。

对于选项 B 和 C，由相关的两个前提：所有购买股票的员工都不买地方债券，有些购买基金的员工买了股票。可以得到：购买基金的员工在第二个前提中是不周延的，而在选项 B 中是周延的，再根据三段论的规则，大小项不周延不能变为周延，因此选项 B 不能由题干推出。同时，两个前提中有一个否定命题，根据三段论的规则，前提只含一个否定命题，结论也应该是否定命题，因此选项 C 也不能由题干推出。

对于选项 D，相关的两个前提：有些购买基金的员工买了股票，所有购买股票的员工都不买国债。其中有一个是否定命题，因此其结论也必须是否定命题，故选项 D 不能由题干得到。

对于选项 E，相关的前提只有一个：有些购买基金的员工买了股票。显然，不能够推出选项 E。

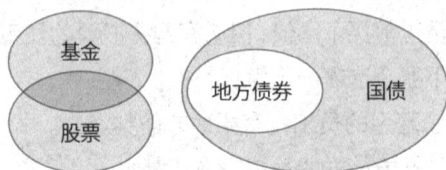

图 6-17　三项关系图

6.3.5　非洲风俗

在非洲某国家，所有的蒙布托塞塞塞科族的后裔都加入了由帕帕尔人创立的部落酋长联盟；有些在图尼格罗城做建筑的工人的是阿姆哈拉拉人；有些蒙布托塞塞塞科族的后裔是阿姆哈拉拉人；所有的由帕帕尔人创立的部落酋长联盟成员都会购买一种名叫桑努的乐器；没有在图尼格罗城做建筑的工人会购买名叫桑努的乐器。

下面关于该国的一些断定都能依据上述前提推出，除了：

A. 有些蒙布托塞塞塞科族的后裔购买了名叫桑努的乐器。

B. 有些阿姆哈拉拉人购买了名叫桑努的乐器。

C. 有些阿姆哈拉拉人没有购买名叫桑努的乐器。

D. 有些蒙布托塞塞塞科族的后裔不在图尼格罗城做建筑工人。

E. 有些桑努乐器的购买者不是阿姆哈拉拉人。

【解析】正确答案是 E。根据题干得到如图 6-18 所示关系图，推理过程如下：

对于选项 A，由题干，所有蒙布托塞塞塞科族的后裔都加入了部落酋长联盟，并且部落酋长联盟成员都购买了桑努乐器，可以构成三段论的两个前提，从而得到结论 (1)：所有蒙布托塞塞塞科族的后裔都购买了桑努乐器。因而 A 选项是可以推出的。

对于选项 B，由题干可以得到，有些阿姆哈拉拉人是蒙布托塞塞塞科族的后裔，再由前面的结论 (1)，也可以构成三段论的两个前提，从而推出结论 (2)：有些阿姆哈拉拉人购买了名叫桑努的乐器。因而 B 选项是可以推出的。

对于选项 C，由题干可以得到，所有在图尼格罗城做建筑的工人都没购买桑努乐器，再根据前面的结论 (1)，可以构成三段论的两个前提，从而推出结论 (3)：所有在图尼格罗城做建筑的工人都不是蒙布托塞塞塞科族的后裔。再根据题干，有些阿姆哈拉拉人是在图尼格罗城做建筑的工人，从而可以形成三段论，得到结论 (4)：有些阿姆哈拉拉人没有购买名叫桑努的乐器。因而 C 选项是可以推出的。

对于选项 D，由前面的结论 (4) 可以得到。因而答案只能是选项 E。

对于选项 E，在选项 B 的分析过程中，由三段论的规则，不周延不能变为周延，选项 E 是一个特称否定命题，其中，阿姆哈拉拉人是周延的；有些阿姆哈拉拉人是蒙布托塞塞塞科族的后裔是一个特称肯定命题，其中，阿姆哈拉拉人是不周延的。因而该选项不能作为三段论的结论。

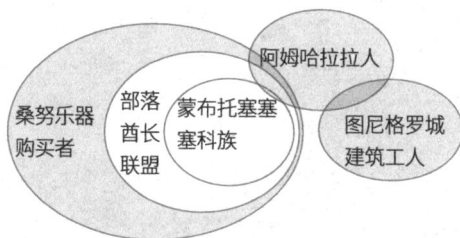

图 6-18　外延关系图

第 7 章

更复杂的演绎推理：
复合推理

07

　　复合命题之间可以进行类似的复合推理过程，只是过程要稍复杂些，更加考验一个人的逻辑思维能力。它们同样也是演绎推理。复合推理当中也有一些常见的推理形式，例如，二难推理。

7.1　认识复合推理

　　生活中经常会用到复合推理，只是我们常常意识不到，如图7-1所示。本节介绍了一些常见的复合推理，有反三段论、假言三段论、假言联言推理、负推理和二难推理等。对于每种复合推理，本节不仅给出了形象的例子，还用逻辑符号进行了总结。

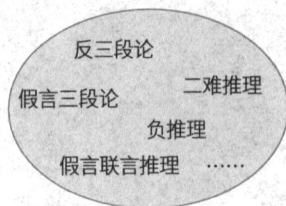

图 7-1　常用的复合推理

7.1.1　反三段论

前提：如果一个三角形有直角并且两条边相等，那么一定是等腰直角三角形。

结论：如果一个三角形有直角并且不是等腰直角三角形，那么它一定不能有两条边相等。

（如果一个三角形两边相等并且不是等腰直角三角形，那么它一定不能有直角。）

反三段论的前提是由联言命题和假言命题复合形成的，得到的结论也是如此。可以用符号表示为：

前提：如果 p 且 q，则非 r。

结论：如果 p 且 r，则非 q。（如果 p 且 r，则非 q。）

7.1.2　假言三段论

前提：如果天天坚持锻炼身体，就能拥有健康的体魄；

　　　　如果拥有健康的体魄，就能有较高的工作效率。

结论：如果天天坚持锻炼身体，就能有较高的工作效率。

假言三段论的三个命题均是假言命题，不是简单命题。同样地，为了简便，我们也可以用符号来表示假言三段论的形式：

前提：如果 p，那么 r；

　　　　如果 r，那么 q。

结论：如果 p，那么 q。

假言三段论表示的是一种层层递进的推理过程。根据上面的两个前提，我们已经知道能由 p 推出 r，同时也能由 r 推出 q，因此，我们就能由 p 直接推出 q，得到"如果 p，那么 q"的结论。

上面的都是充分条件假言命题，那么，对于必要条件假言命题呢？例如：

前提：只有在春天播种，才能在秋天收获；

只有能在秋天收获，才能安稳地度过冬天。

结论：只有在春天播种，才能安稳地度过冬天。

这也是层层递进的三段论推理过程。同样可以用符号表示：

前提：只有 p，才 r；

　　　只有 r，才 q。

结论：只有 p，才 q。

7.1.3　假言联言推理

前提：如果一个四边形四个角都是直角，那么它是一个长方形；

　　　如果一个四边形四条边都相等，那么它是一个菱形。

结论：如果一个四边形四个角都是直角并且四条边都相等，那么它既是长方形又是菱形。（这个四边形是正方形）

这就是假言联言推理，由两个充分条件假言命题和一个联言命题组成前提，从而推出一个为联言命题的结论。上面的是肯定形式。可以用逻辑符号间接地表示为：

前提：如果 p，则 q

　　　如果 r，则 s。

结论：如果 p 且 r，则 q 且 s。

对于联言假言推理，它的结论还可以是否定形式。例如：

前提：如果明天是星期一，小张值班；

　　　如果明天是星期二，小王值班。

结论：如果明天小张且小王都不值班，那么明天不是星期一和星期二。

上面这个例子同样可以用逻辑符号简洁地表示出来：

前提：如果 p，则 q

　　　如果 r，则 s。

结论：如果非 q 且非 s，则非 p 且非 r。

7.1.4　负推理

负推理就是负命题的推理过程。我们都知道，负命题和原命题的真假关系是矛盾的。对于不同的命题，它的负命题的推理过程也是不同的。

最简单的情况是直言命题 p 的负命题。例如：

前提：并非所有的鸟都能飞。（¬SAP）

结论：有的鸟是不能飞的。（SOP）

上面这个负命题¬p 中，p 是直言命题中的 A 命题，最后得到的结论是 O 命题，即¬SAP=SOP。类似的还有¬SEP=SIP 等。

对于复合命题的负命题，可以根据复合命题的真值表来进行判断。复合命题的负命题等价于真值表完全相反的复合命题。

对于联言命题 p ∧ q，它的负推理为¬(p ∧ q)=¬p ∨ ¬q，例如：

前提：并非小王和小李都做了这件事。(¬(p ∧ q))

结论：小王没做这件事或者小李没做这件事。(¬p ∨ ¬q)

对于相容选言命题 p ∨ q，它的负推理为¬(p ∨ q)=¬p ∧ ¬q，例如：

前提：并非这件事是小王或者小李做的。(¬(p ∨ q))

结论：这件事既不是小王做的，也不是小李做的。(¬p ∧ ¬q)

对于不相容选言命题 p ∨ q，它的负推理为¬(p ∨ q)=(¬p ∧ ¬q) ∨ (p ∧ q)，例如：

前提：并非这件事要么小王做的要么小李做的。(¬(p ∨ q))

结论：这件事或者小王和小李都做了，或者小王和小李都没做。((¬p ∧ ¬q) ∨ (p ∧ q))

对于充分条件选言命题 p→q，它的负推理为¬(p→q)=p ∧ ¬q，例如：

前提：并非如果星期一就是小王值班。(¬(p → q))

结论：是星期一，但小王不值班。(p ∧ ¬q)

对于必要条件假言命题 p←q，它的负推理为¬(p←q)=¬p ∧ q，例如：

前提：并非只有星期一小王才值班。(¬(p ← q))

结论：不是星期一，但小王值班。(¬p ∧ q)

对于充分必要条件假言命题 p↔q，它的负推理为 ¬(p↔q)=(p ∧ ¬q) ∨ (¬p ∧ q)，例如：

前提：并非当且仅当星期一，小王值班。(¬(p↔q))

结论：星期一但小王不值班，或者，不是星期一但小王值班。((p ∧ ¬q) ∨ (¬p ∧ q))

那么，对于负命题的负推理呢？例如，"并非今天是星期一"这个负命题，它的负命题就是"今天是星期一"。一个命题的负命题表示否定，经过两次否定之后，所表达的意思也就还是最初的那个命题的意思了。

7.1.5 二难推理

在介绍二难推理前，先讲一个有趣的小故事：

有一位老奶奶两个儿子都在做生意，大儿子卖扇子，小儿子卖雨伞。老奶奶牵挂着两个儿子，每天闷闷不乐，总是唉声叹气，旁边的人就问她："您怎么叹气呢？"老奶奶便答道："如果是下雨天，我大儿子的扇子就不好卖了；如果不是下雨天，我小儿子的雨伞就不好卖了；每天或者下雨或者不下雨，我的大儿子或者小儿子的东西就都不好卖了。你看，我每天都要担心我这两个儿子中的一个，我这日子能过得安心吗？"

在上面这则小故事中，老奶奶在回答的过程中使用了典型的二难推理。可以看出，二难推理是由假言命题和选言命题组成的，它的三个前提中先是两个不同的充分条件假言命题，接着是一个和假言命题前件有关的选言命题，最后得到一个结论。因此，二难推理也叫作假言选言推理。上面故事中的二难推理是：

前提：如果是下雨天，我大儿子的扇子就不好卖了；

如果不是下雨天，我小儿子的雨伞就不好卖了；

每天或者下雨或者不下雨。

结论：我的大儿子或者小儿子的东西就不好卖了。

在逻辑学上，可以把二难推理进一步分为简单构成式、简单破坏式、复杂构成式和复杂破坏式，如图 7-2 所示。

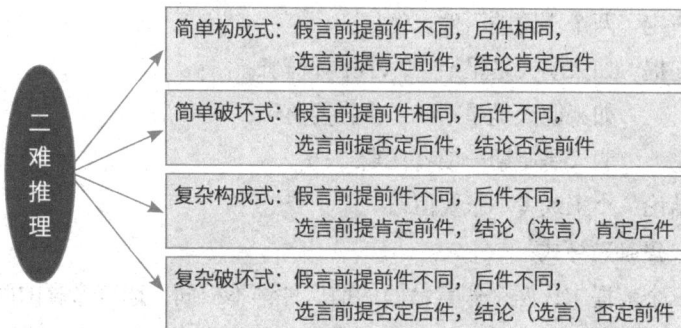

图 7-2　二难推理的四种基本形式

1. 简单构成式

三个前提中，两个假言命题的前件不同，后件相同，选言命题的两个选言肢分别肯定了假言前提的两个不同的前件，结论也是肯定两个假言前提的相同后件。例如：

前提：如果明天是星期一，小王要值班；

　　　　如果明天是星期二，小王要值班；

　　　　明天是星期一或者星期二；

结论：小王要值班。

2. 简单破坏式

三个前提中，两个假言命题的前件相同，后件不同，选言命题的两个选言肢分别否定了假言前提的两个不同的后件，结论也是否定两个假言前提的相同前件。例如：

前提：如果明天是星期一，小王要值班；

　　　　如果明天是星期一，小张要值班；

　　　　明天小王或者小张不要值班；

结论：明天不是星期一。

3. 复杂构成式

三个前提中，两个假言命题的前后件都不相同，选言命题的两个选言肢分别肯定了假言前提的两个不同的前件，结论也是一个选言命题，分别肯定了两个不同的后件。例如：

前提：如果明天是星期一，小王要值班；

如果明天是星期二，小张要值班；

明天是星期一或者星期二；

结论：小王或者小张要值班。

4. 复杂破坏式

三个前提中，两个假言命题的前后件都不相同，选言命题的两个选言肢分别否定了假言前提的两个不同的后件，结论也是一个选言命题，分别否定了两个不同的前件。例如：

前提：如果明天是星期一，小王要值班；

如果明天是星期二，小张要值班；

明天小王或者小张不要值班；

结论：明天或者不是星期一或者不是星期二。

此外，如果出现三个假言命题作为前提的情况，类似地，我们又叫这种推理形式为三难推理。例如，在一场足球赛中，如果甲队输了，不能出线；如果甲队平了，不能出线；如果甲队赢了，不能出线；因此，无论怎样，甲队都不能出线。

7.2 逻辑错误

7.2.1 双重标准：半费之讼的诡辩故事

在古希腊，人们热衷于辩论，因而出现了许多著名的诡辩家，流传下来一些经典的诡辩故事。下面这个"半费之讼"的故事就是诡辩中的经典故事：

当时有一个叫欧提勒士的学生向当时著名的辩者普罗达哥拉斯学习法律，并且在一开始就签订了一份合同，合同上面规定：欧提勒士在毕业时先付一半的学费，另一半等毕业后第一次出庭胜诉时再付。但是，欧提勒士在毕业后并未从事律师行业，更不要说第一次胜诉了。所以，根据当时签订的合同，他就一直没有给自己的老师普罗达哥拉斯付另外一半学费。这时候，他的老师普罗达哥拉斯有点不耐烦，就向法庭起诉欧提勒士，索要另一半学费，其中，诉词是一个如下的二难推理：

如果我打赢这场官司，按照法庭判决，学生欧提勒士应该付另一半学费；如果我打输了这场官司，按照合同，学生欧提勒士应该付另一半学费；这场官司要么我赢，要么我输；总之，学生欧提勒士都应该付另一半学费。

学生欧提勒士也不甘示弱，他针对老师普罗达哥拉斯的诉词，提出了如下的二难推理：

如果我打输这场官司，按照合同，我欧提勒士不应该付另一半学费；如果我打赢了这场官司，按照法庭判决，我欧提勒士不应该付另一半学费；这场官司要么我赢，要么我输；总之，我欧提勒士都不应该付另一半学费。

从逻辑学的角度来讲，以上两则两难推理都违反了逻辑的同一律。老师，在学生胜诉时参照合同标准，在学生败诉时参照法律判决；学生，则反之。因此，两者都是违反逻辑定律的诡辩。

从逻辑学的角度来看，双方的论证过程都运用了二难推理，似乎都很有道理。但是，从最终的结论来看，双方的二难推理必然是不可靠的。为什么会形成这样的结果呢？这是因为两人各自的二难推理都是建立在虚假前提的基础上的，因为每个二难推理的两个假言前提都是建立在不同的标准上面的，例如，老师的二难推理中第一个假言前提依据的是法庭判决，而第二个假言前提依据的则是合同规定，这就是典型的双重标准，从自己的利益出发，在不同的情形下依据不同的标准。如果将半费之讼放到现在的社会，最终需不需要付学费，是否根据合同规定，应当都是按照法庭的判决来决定。根据这单一的标准，也就不会产生上面的诡辩了。

7.2.2　诉诸情感：我这都是为了你好

在和周围的长辈、朋友聊天的时候，总会听到这样的话"我这都是为了你好""说了这么多都是为了你""我这是为你着想""我们关系这么好，我让你这么做还会害你吗""听我的没错，我是你朋友"，等等。在听到这些话时，大家都是怎么想的呢？有的人可能是因为情感关系而选择接受对方的某些建议，接受对方的某些观点等；有的人则觉得对方说的没道理，感觉到的是尴尬，觉得有点儿进退两难，听多了还会很反感。

从逻辑的角度来分析，上面这些话其实都犯了"诉诸情感"的逻辑错误，这是一种情感绑架。"诉诸情感"的逻辑往往以情感上的联系作为推理的前提，以求让对方接受自己给出的结论，而没有相应的客观依据。最典型的"诉诸情感"的说法就是：因为我和你是 × × 关系，所以我说的就没错，你就应该这样。

怎么避免"诉诸情感"的逻辑错误呢？应该将情感上的联系和逻辑上的联系区分开来，虽然情感联系强，在主观上都是为了对方好，但是要认识到在客观上未必是正确的、未必是适合对方的，因为这两者之间没有必然的逻辑关系。

7.2.3　假言推理不当：没有海枯石烂所以我不爱你

"如果海枯石烂，我也还会爱你。但是并没有海枯石烂，所以我不爱你""如果我拥有超能力，我也不会做违法的事。但是你并不是超人，所以你会做违法的事""如果我不用双手，我也能够打倒你。但是我用了双手，所以不能打倒你""如果我眼睛看不见了，我的心里也会是光明的。但是我眼睛看得见，所以我的心里不是光明的"……

上面这些推理，得到的结论和假言前提明显是矛盾的。比如，第一个例子中，假言前提明显是来表达爱的心意，而得到的结论却是一个相反的意思；同样的还有后面四个例子。为什么会这样呢？因为这里把假言前提中的充分条件当作必然条件看待了，以致产生这种"假言推理不当"的情况。不妨拿一个例子做些改变"只有海枯石烂，我才会爱你。但是并没有海枯石烂，所以我不爱你"，显然，这个推理的意思就表达得很明白了，这是彻底拒绝对方的意思。

总之，在使用假言命题作为推理的前提时，一定要弄清楚表示的是"如果"这种充分条件还是"只有"这种必要条件，否则就有可能出现误解别人意思的情况。

7.3 复合推理的逻辑训练

7.3.1 血型遗传

教授：如果父母都是 O 型血，其子女的血型也只能是 O 型，这是遗传规律。

学生：这不是真的，我的父亲是 B 型血，而我是 O 型血。

学生最有可能把教授的陈述理解为：

A. 只有 O 型血的人才会有 O 型血的孩子。

B. O 型血的人不可能有 B 型血的孩子。

C. B 型血的人永远都会有 O 型血的孩子。

D. 如果父母都是 B 型血，其孩子也会是 B 型血。

【解析】正确答案是 A。本题考察了负推理。

根据题干，教授说的是一个充分条件假言命题，即如果父母都是 O 型血，那么子女也是 O 型血。学生质疑教授说的不是真的，由充分条件假言命题的负推理可以得到，前件为假并且后件为真，因此学生的观点应该是：父母都是 O 型血并且子女不是 O 型血。只有这样的例子才能形成对教授观点的质疑。

再看学生举的反驳的例子：父亲是 B 型血，子女是 O 型血，其意思应该是：父母有一方不是 O 型血，那么子女的血型为什么是 O 型血呢？因此，学生的理解应该是：只有父母的血型都是 O 型血，子女的血型才会是 O 型血。因此，答案只能选择 A 选项。

7.3.2 鳄鱼的故事

鳄鱼从一个母亲手里抢走了她的孩子，母亲苦苦哀求，鳄鱼说："我出个题目给你，你答对了，我就把孩子不加伤害地还给你。我的题目是：我会不会吃掉你的孩子？"母亲苦苦思索后回答："我想，你一定要吃掉我的孩子。"

根据以上陈述，可以推出：

A. 母亲答错了，鳄鱼会吃掉孩子。

B. 母亲答措了，鳄鱼不会吃掉孩子。

C. 母亲答对了，鳄鱼会吃掉孩子。

D. 鳄鱼陷入困境，母亲救了孩子。

【解析】正确答案是 D。本题考察了二难推理。

题干中母亲对鳄鱼的回答是：鳄鱼一定要吃掉我的孩子。鳄鱼的问题是：鳄鱼会不会吃掉这位母亲的孩子。鳄鱼的承诺是：如果这位母亲回答正确，就会把孩子还给他。显然，我们无法从已有的信息中判断出这位母亲是否回答正确，但是可以采用假设的方法，从两个角度来分析这位母亲的回答。

假设这位母亲回答错误，对照母亲的回答，也就得到鳄鱼心里并不想吃掉孩子。因此，鳄鱼不会吃掉孩子。

假设这位母亲回答正确，对照鳄鱼的承诺，也就得到鳄鱼必须把这位母亲的孩子还给他。

可以发现，上面两种情况可以构成二难推理的前提，从而得到结论：无论母亲的回答正确还是错误，鳄鱼都会把孩子还给他。鳄鱼此时已经陷入两难境地，母亲机智的回答救了自己的孩子。

7.3.3 八卦新闻

媒体上最近充斥着有关某名人的八卦新闻，这使该名人陷入一种尴尬的境地：如果她不出面澄清和反驳，那谣言就会被大众信以为真；如果她出面澄清和反驳，反而会引起更多人的关注，使那些八卦新闻传播得更快、更广。这也许就是当名人不得不付出的代价吧！如果题干中的陈述为真，则下面哪一项必定为真？

A. 该名人实际上无法阻止那些八卦新闻对她个人声誉的损害。

B. 一位名人的声誉不会受媒体上八卦新闻的影响。

C. 在面对八卦新闻时，该名人所能采取的最好策略就是澄清真相。

D. 该名人的一些朋友出面夸奖她反而会起反效果。

【解析】正确答案是 A。本题考察了二难推理。

分析题干信息，可以得到：如果该名人不出面澄清和反驳，那谣言就会被大众信以为真；如果她出面澄清和反驳，则会使那些八卦新闻传播得更快、更广。再来看各个选项，对于选项 A，可以作为一个二难推理的结论：如果名人不出面澄清和反驳，那她的个人声誉会受到损害；如果名人出面澄清和反驳，她的个人声誉仍会受到损害；因此，该名人的个人声誉会受到损害。选项 A 是正确的。其他选项均为干扰项。

7.3.4 过犹不及

当我们接受他人太多恩惠时，我们的自尊心就会受到伤害。如果你过分地帮助他人，就会让他人觉得自己软弱无能。如果让他人觉得自己软弱无能，就会使他人陷入自卑的苦恼。一旦他人陷入这种苦恼，他人就会把自己苦恼的原因归罪于帮助他的人，反而对帮助他的人心生怨恨。如果以上陈述为真，以下哪个选项一定为真？

A. 如果他的自尊心受到伤害，那他一定接受了别人的太多恩惠。

B. 你不要过分地帮助他人，或者使他陷入自卑的苦恼。

C. 如果不让他觉得自己软弱无能，就不要去帮助他。

D. 只有你过分地帮助他人，才会使他人觉得自己软弱无能。

【解析】正确答案是 B。本题考察了假言三段论。

题中有多个充分条件假言命题，可以形成多个假言三段论的推理过程。其逻辑关系可以表示为如下形式：(1) 接受他人太多恩惠→自尊心受到伤害；(2) 过分帮助他人→让他人觉得自己软弱无能→使他人陷入自卑的苦恼→对帮助他的人心生怨恨。

逐项进行分析：对于 A 项，由于 (1) 的等价命题并不是 A 选项，因而是假命题；对于 B 项，由 (2) 可以得到"如果过分帮助他人，会使他人陷入自卑的苦恼"是真命题，B 项与它是等价的，因而 B 项是正确的；对于 C 项，"如果过分帮助别人，会让他觉得自己软弱无能"的等值推理应该是"如果不让他觉得自己软弱无能，就不要去过分帮助他"，C 项中"不要去帮助他"显然是错误的；对于 D 项，由 (2)，"过分帮助他人"是"让他觉得自己软弱无能"的充分条件而非必要条件，因而错误。故答案选 B 项。

7.3.5　排球比赛

甲排球队有 A、B、C、D、E、F、G、P、Q、R、S、T 十二个队员。由于存在着队员的配合是否默契的问题，W 教练在每次比赛时对上场队员的挑选都考虑了以下原则：

1. 如果 P 不上场，那么 S 就不上场；

2. 只有 D 不上场，G 才上场；

3. A 和 C 要么都上场，要么都不上场；

4. 当且仅当 D 上场，R 才不上场；

5. 只有 R 不上场，C 才不上场；

6. A 和 P 两人中，只能上场一个；

7. 如果 S 不上场，那么 T 和 Q 也不上场；

8. R 和 F 两人中也只能上场一个。

有一次，甲队同乙队的比赛，甲队上场了 6 人，其中包含 G。请问：在这场比赛中，甲队上场的是哪几个队员？

【解析】上场的是 G、A、B、C、E、R 六名队员。

可以从"G 上场"这个前提出发，根据题中给定的 8 个前提，依次进行整个推理过程：

第一步：根据前提 2 和"G 上场了"的题设，可以推出 D 不上场。

第二步：根据前提 4 和 D 不上场，可以推出 R 上场。

第三步：根据前提 5 和 R 上场，可以推出 C 上场。

第四步：根据前提 3 和 C 上场，可以推出 A 上场。

第五步：根据前提 6 和 A 上场，可以推出 P 不上场。

第六步：根据前提 1 和 P 不上场，可以推出 S 不上场。

第七步：根据前提 7 和 S 不上场，可以推出 T 和 Q 不上场。

第八步：根据前提 8 和 R 上场，可以推出 F 不上场。

最后，综合以上步骤，从可以得到 D、P、S、T、F、Q 这 6 名队员不上场，根据"甲队上场 6 人""甲队总共有 12 个队员"，也就得到了剩下的 G、A、B、C、E、R 6 名队员都上场的推断。

第 8 章

由特殊得到一般的推理：
归纳推理

08

归纳推理不同于前面介绍的演绎推理，归纳推理是由特殊得到一般的推理。它从许多单个的、特殊的前提出发，通过归纳得到一个一般性的结论。本章介绍了常用的几种归纳推理方法。

8.1　认识归纳推理

可以说，没有归纳推理就没有现在人类庞大的知识系统。归纳推理经常运用在个人的学习和工作中，但是有些归纳推理并不像演绎推理那样逻辑严密，有时候由归纳推理得到的结论是有局限性的。

8.1.1　什么是归纳推理

前提：2 是偶数；

　　　4 是偶数；

　　　6 是偶数；

　　　8 是偶数；

　　　2、4、6、8 都是整数。

结论：整数都是偶数。

上面这个例子就是一个典型的归纳推理，它是从许多不同的特殊前提出发，比如，2、4、6 和 8 这些数都是偶数，再根据这些数都是整数，从而归纳得到所有的整数都是偶数的结论。就像这个例子一样，归纳推理都是从许多特殊的前提出发得到一个一般性的结论，而演绎推理则先有一般性前提，接着才能推出特殊性结论，这两者是显著不同的。

此外，对于上述这个归纳推理的结论，我们都知道整数还包括奇数，所以这个结论是错误的，然而这个归纳推理的前提是完全正确的。这正是归纳推理和演绎推理的另一个不同点，在可靠的前提下，归纳推理得到的结论未必可靠，它是一种或然性推理；而演绎推理，比如三段论得到的结论一定是可靠的。当然，归纳推理在很多情况下结论也是正确的，比如，整数的加法交换律就可以通过归纳得到：

前提：1+2=2+1；

14+105=105+14；

(-56)+(-78)=(-78)+(-56)；

(-100)+96=96+(-100)；

1、2、14、105、-56 等都是整数。

结论：对任意整数 a 和 b，都有 a+b=b+a。

在现实生活中，我们经常会运用到归纳推理。例如：

在学习中，我们往往会由多个例子进行引导，从而得出更一般的结论。数学中多边形的内角和定理就可以通过归纳推理的方法得到，还有，在进行科研实验时，往往需要对大量的数据进行分析，找出其中的联系，这也可以看作一种归纳推理。

在生活中，我们一些经验或者教训的养成，也可以看作是由归纳推理得到的。比如，在某个路段，如果出现了一次车祸，过了一段时间，又出了一次车祸，接着没过多久又出现了车祸，那么可以得到结论：该路段是车祸易发地，同时，还应该在此处设立一个标识牌，提醒过往车辆和行人。

在工作中，我们经过不断的反思和总结得到的职场经验和心得，也可以视为通过归纳推理而得到。因为它们都需要我们以一次又一次的个人经历为前提，最后得到具有一般性的结论。

归纳推理的方法也是多样的，可以分为完全归纳推理和不完全归纳推理，其中，不完全归纳推理又包括简单枚举法、科学归纳法和统计归纳推理等，如图8-1所示。下面对这些常见的归纳推理方法进行一一介绍。

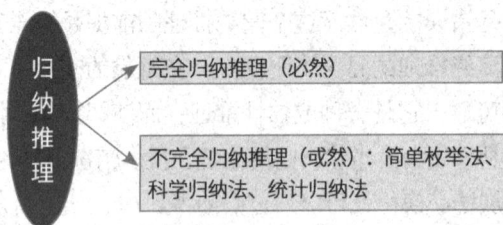

归
纳
推
理

完全归纳推理（必然）

不完全归纳推理（或然）：简单枚举法、
科学归纳法、统计归纳法

图 8-1 归纳推理的分类

8.1.2 完全归纳推理

有一首打油诗说道：春天不是读书天，夏日炎炎正好眠，秋多蚊子冬多雪，要想读书等明年。这里面就包含了一个归纳推理：

前提：春天不是读书天；

夏天不是读书天；（夏日炎炎）

秋天不是读书天；（秋多蚊子）

冬天不是读书天；（冬多雪）

一年分为春夏秋冬四季。

结论：这一年都不是读书天。（读书等明年）

上面这个归纳推理分别列举了一年四季的四个特殊性前提，从而得到一个一般性的结论：这一年都不是读书天。仔细分析就能发现，一年只包含四季，如果四季都不是读书天，那么这一年必然不是读书天。因此，这个归纳推理的各个前提已经完全包含了结论所指的范围，这种归纳推理就称之为完全归纳推理，如图8-2所示。

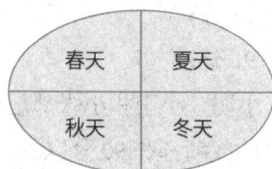

图 8-2 完全归纳推理：各个前提完全覆盖结论

为了简便，完全归纳推理可以用逻辑符号的形式表示为：

前提：S_1 是 P；

　　　S_2 是 P；

　　　S_3 是 P；

　　　……

　　　S_n 是 P；

　　　S_1，S_2，S_3，$\cdots$，S_n 是 S 的全部对象。

结论：所有 S 是 P。

总结一下，完全归纳推理就是各个前提完全包含了结论所指的范围，即穷尽了结论所包含的各种特殊情况，不存在未考虑到的情况。完全归纳推理是一种必然性推理，因为前提全部为真的话，由于各个前提相加与结论是等价的，所以结论也一定为真。完全归纳推理是最简便的归纳推理，不适用于范围较大的归纳推理过程。

8.1.3 不完全归纳推理

与完全归纳推理相对的，不完全归纳推理就意味着各个前提只是涵盖了结论的部分范围而不是全部。不完全归纳推理又可以分为简单枚举法和科学归纳法。

1. 简单枚举法

前提：小王的成绩是 98 分；

　　　小宋的成绩是 95 分；

　　　小明的成绩是 93 分；

小李的成绩是 92 分；

小张的成绩是 91 分；

小王、小宋、小明、小李和小张都是五班的学生。

结论：五班所有学生的成绩都在 90 分以上。

上面这个归纳推理是一个简单枚举归纳推理，简单枚举法的关键是举出一些例子，再根据这些例子的共同点推出一般性的结论。正是这样，所以在简单枚举法中，各个前提都是满足于结论的。但是，简单枚举法的结论所指的范围比它的前提加起来还要大，因此，并不能排除有些客观存在的反例没有被发现，如果继续进行简单枚举，也不能排除遇到反例，从而不满足之前推出的结论，如图 8-3 所示。正因如此，简单枚举法是一种或然性推理，它的结论可能是错误的。

图 8-3　不完全归纳推理：前提没有涵盖结论的范围

在现实生活中，很多情况下，如果采用简单枚举法进行归纳推理，比较机械，往往会造成"以偏概全""盲人摸象"这样的错误，例如，在上述的归纳推理过程中，如果被举的例子刚好是成绩排在前列的几名同学，而五班绝大多数人的成绩都在 90 分以下，那么这样归纳得到的结论就是荒谬的了。

同样的，简单枚举法也可以用逻辑符号表示如下：

前提：S_1 是 P；

　　　S_2 是 P；

　　　S_3 是 P；

　　　……

S_n 是 P；

S_1，S_2，S_3，……，S_n 是 S 的部分对象。（目前遇到的 S 都是 P，没遇到反例）

结论：所有 S 是 P。

2. 科学归纳法

在科学研究领域，很多时候需要依靠归纳推理得到结论，同时，不可能采用完全归纳的方法，因为很多时候结论所包含的情形是无尽的，但是又不能使用机械的简单枚举法，因为简单枚举法的结论往往并不可靠。为了解决这个难题，人们逐渐总结出来一套比简单枚举法更为可靠的不完全归纳推理方法，叫做科学归纳法。科学归纳法的最大特点就在于它包含了一个表示必然联系的前提，而不像简单枚举法那样只要不遇到反例即可。

科学归纳法中的必然联系往往是一些科学依据和客观事实，这就表明它的前提里面包含了相应的科学道理，因而最后得到的结论将更加可靠。现实生活中，很多科学知识、生活经验都是由科学归纳法得到的，比如，"边数为 n 的多边形内角和等于 180° 的（n-2）倍" "瑞雪兆丰年" 等。

同样，科学归纳法可以用逻辑符号表示为：

前提：S_1 是 P；

S_2 是 P；

S_3 是 P；

……

S_n 是 P；

S_1，S_2，S_3，……，S_n 是 S 类的部分对象，且 S 与 P 之间有必然联系。

结论：所有 S 都是 P。

8.1.4 统计归纳

统计归纳是一种基本的归纳方法，广泛应用于科学研究、市场调研、检测勘察等领域。从逻辑学的角度来看，它也是一种不完全归纳方法。

在统计归纳中，被调查的全部对象叫做总体，通常来说，总体的数量都是巨大的。抽取的一定数量的调查对象叫做样本。统计归纳就是根据从总体中抽取的样本规律推出总体的一些性质。当然，这里面不同于前面的归纳推理，统计归纳的结论需要加上一个比例，例如，$n\%$ 的总体具有某种性质。正是这样，归纳推理的结论相对来说较简单枚举法得出的结论准确得多。统计归纳的逻辑形式是：

前提：S_1 是 P；

S_2 不是 P；

S_3 是 P；

S_4 是 P；

……

S_{n-1} 不是 P；

S_n 是 P；

S_1，S_2，S_3，S_4，……，S_{n-1}，S_n 是从 S 类中抽取的样本，

其中，S_1，S_3，S_4，……，S_n 是 P，并且占比 $n\%$。

结论：$n\%$ 的 S 都是 P。

统计归纳应用在生活中的例子很多，例如，在一个池塘里面养了各种各样的鱼，如青鱼、草鱼、鲢鱼、鲤鱼等，为了确定其中草鱼的比例，便在池塘里面捕了 100 条鱼，结果发现其中有 20 条草鱼。因此，可以推出池塘里面的草鱼比例应该是 20%。

这样抽取样本进行分析再进行归纳的方法，得到的结果并不是必然的，只能尽可能地接近真实值。什么样的统计归纳才是可靠的呢？首先，需要有足够的样本数量，否则就不具备代表性；其次，需要更全面地抽样，过于集中就会致使结果偏差太大。

8.2　逻辑错误

8.2.1　以偏概全：看韩剧 = 低收入？

低收入人群喜欢看韩剧，高收入人群喜欢看美剧吗？

几年前，韩国首尔大学一教授在新发表的论文《中国电视观众电视剧消费品位指导》中，展示了一个有趣的发现：高学历高收入的中国人喜欢看美剧和部分日剧，而低学历低收入的中国人则喜欢看韩剧和中国台湾的电视剧。

这位教授据说为此调查了北京 393 名 20～50 岁的人，以他们为研究对象，并且让他们观看包括中国、美国、日本、韩国的各 20 部电视剧，然后收集了 2 万条评论后进行分析得出了上面的结论。

不仅如此，这位教授还在论文中作出了分析：因为高学历高收入观众喜欢"理性和有轻快感"的电视剧，美剧和部分日剧便因为情节紧张、出乎意料而受到青睐；而低学历低收入观众之所以爱看韩剧，是因为部分韩剧逻辑性较差，观看时无须动脑子，可以单纯地"发泄感情"。

看了这篇报道，是不是不少人都感觉"躺枪"了呢？其实，喜欢看韩剧的大可不必为此计较，爱好看美剧的也没必要觉得有优越感。从逻辑的角度来看，这篇论文使用的是不完全归纳推理中的统计归纳，但是统计归纳需要足够全面的样本量，而首尔大学教授的这篇论文仅仅调查了不到 400 名全部来自北京的对象，相较于中国的人口数量和国土面积，明显样本太少且过于集中，完全不足以说明问题。这是犯了"以偏概全"的逻辑错误，得到的结论必然是不可靠的。

8.2.2　隐藏事实：小明在考试前通宵学习

"小明在数学考试前通宵学习，在语文考试前通宵学习，在英语考试前努力学习，在物理考试前努力学习，所以小明是一个努力学习的学生""隋炀帝创立科举制度，开凿大运河，抗击边界的外敌，所以隋炀帝是明君"……

在上面两个归纳推理的例子中，根据归纳的前提可以发现，归纳者在归纳时有意隐瞒了部分对结论不利的前提，这些前提却是不容忽视的。这些归纳推理有意隐瞒部分关键但不利的客观事实，以求得到对自己有利的结论，显然，这样的结论在逻辑上是不可靠的。比如，在第一个例子中，几个前提只列举了小明在考试前的表现，更具代表性的平时的学习表现却被忽视了，显然，这样得到的结论是站不住脚的；在第二个例子中，隋炀帝除了这些历史功绩，他的一些恶行如滥杀无辜、奴役百姓、残害忠良、荒淫无度等，也都在史书上记载着，如果只考虑前者而忽视后者，由此得出这样的结论显然是荒谬的。

总之，对待一个归纳推理，一定要从各个方面考虑，不能忽视某一部分关键的例证。如果这个归纳推理只是举出某一方面的例证，再由此得到一个一般性的结论，那么，这样的归纳推理是荒谬的。

8.3 归纳推理的逻辑训练

8.3.1 学前测试

在对 6 岁儿童所做的小学入学前综合能力测试中，全天上甲学前班达 9 个月的儿童平均得分为 58 分，只在上午上甲学前班达 9 个月的平均得分为 52 分，只在下午上甲学前班达 9 个月的平均得分为 51 分；全天上乙学前班达 9 个月的平均得分为 54 分；而那些来自低收入家庭且没有上过学前班的 6 岁儿童，在同样的小学入学前综合能力测试中平均得分为 32 分。在统计学上，32 分与上述其他分数之间的差距有着重要的意义。

从上面给定的数据，可以最合理地得出下面哪个假设性结论？

A. 得 50 分以上的儿童可以上小学。

B. 要做出一个合情理的假设，还需要做更多的测试。

C. 是否上过学前班与小学入学前的综合能力两者之间有相关性。

D. 应该给 6 岁以下儿童上学前班提供更多的经费支持。

【解析】正确答案是 C。本题考察了不完全归纳推理。

首先，简化题干信息。可以得到：在对 6 岁儿童所做的小学入学前综合能力测试中，上过一段时间学前班的儿童平均得分在 50 分以上，而没上过学前班的儿童平均得分为 32 分，远低于前者。根据不完全归纳推理，可以得到一个合理的结论：上过学前班的儿童的综合能力比没上过学前班的儿童要好。显然，只有 C 选项是符合的，其他选项均为无关选项。

8.3.2 物种入侵

一项研究报告表明，随着经济的发展和改革开放，我国与种植、养殖有关的单位几乎都有从国外引进物种的项目。不过，我国华东等地作为饲料引进的空心莲子草、沿海省区为护滩引进的大米草等，很快蔓延疯长，侵入草场、林区和荒地，形成单种优势群落，导致原有植物群落的衰退。新疆引进的意大利黑蜂迅速扩散到野外，使原有的优良蜂种伊犁黑蜂几乎灭种。以下哪项可以最合乎逻辑地完成上面论述？

A. 引进国外物种可能会对我国的生物多样性造成巨大危害。

B. 应该设法控制空心莲子草、大米草等植物的蔓延。

C. 从国外引进物种是为了提高经济效益。

D. 我国 34 个省、市、自治区都有外来物种。

【解析】正确答案是 A。本题考察了简单枚举法。

根据题干，可以知道我国的三个地区引进某些外来物种，导致当地的有些生物受到了威胁。例如，在华东地区，引进了空心莲子草，导致当地植物群落衰退；沿海地区引进了大米草，同样导致当地植物群落衰退；新疆地区引进意大利黑蜂，导致当地原有的伊犁黑蜂几乎灭绝。这些特殊的个体性事件可以看作简单枚举归纳推理的一个个前提。从而可以得出：引进国外物种对我国的生物多样性造成了危害。

另外，因为简单枚举法是一种或然性推理，所以结论中应当用"可能"进行表述，选项 A 正符合。再看其他三个选项，B、C 两项都与问题无关，而 D 项则是以偏概全，题干中只提及三个地区，逻辑上是错误的。综合来看，A 项是最佳答案。

8.3.3　鼓励活动

有 86 位患有 T 型疾病的患者接受同样的治疗。在一项研究中，将他们平分为两组，其中一组的所有成员每周参加一次集体鼓励活动，而另外一组则没有。10 年后，每一组都有 41 名病人去世。很明显，集体鼓励活动并不能使患有 T 型疾病的患者活得更长。以下哪项陈述如果为真，能最有力地削弱上述论证？

A. 10 年后还活着的患者，参加集体鼓励活动的两位比没参加的两位活得时间更长一些。

B. 每周参加一次集体鼓励活动的那组成员平均要比另外一组多活两年的时间。

C. 一些医生认为每周参加一次集体鼓励活动会降低接受治疗的患者的信心。

D. 每周参加一次集体鼓励活动的患者报告说，这种活动能帮助他们与疾病作斗争。

【解析】正确答案是 B。本题考察了不完全归纳推理。

首先，剖析题干信息。根据题干，86 名 T 型患者中参加集体鼓励活动的和没参加该活动的在 10 年后的死亡人数都是一样的，以这为前提，从而得出了集体鼓励活动是没有效果的。显然，这是不完全归纳推理。

接下来，分析四个选项。要削弱上面的结论，就要寻找最能够证明集体鼓励活动有效的条件。对于 A 项，同样可以作为不完全归纳推理的前提，虽然也能得到参加集体鼓励活动的患者可以比未参加此活动的患者活得更久，削弱题干的结论，但是它的前提中只包含了两个人，相比题干中的 86 人，显然是更不可靠的；对于 B 项，也可以作为不完全归纳推理的前提，得到参加集体鼓励活动的患者比未参加的患者平均活得时间更久，前提中同样是 86 人，有力地证明了参加集体鼓励活动对于患者是有效的。C 项和 D 项均是从主观角度出发的，不能作为实质的依据，因此它们的力度远不及 B 选项。

8.3.4　动物的"年轮"

一些哺乳动物的牙齿上有明显的"年轮"痕迹——来自在夏天时形成的不透明的牙骨质沉淀和在冬天形成的半透明的牙骨质沉淀的积累。在对一个石器时代的遗址的发掘中，发现的猪的牙齿的横断面表明，除最外一层以外，其他各层"年轮"都有令人惊讶的相似的宽度。最外层大概只有其他各层一半的宽度，而且是半透明的。上文的论述最强有力地支持了以下哪一项关于这些动物死亡的结论？

A. 死在一个反常的初冬。

B. 大约死于相同的年龄。

C. 大约死在一个冬季的中期。

D. 死于一次自然灾害中。

E. 由于饥饿而死。

【解析】正确答案是 C。本题主要考察的是科学归纳法。

首先，剖析题干信息。我们从题干中得出，题目由科学归纳法推出的，在一些哺乳动物的牙齿的年轮中，夏天是不透明的那部分，冬天是半透明的部分，并且，各部分的宽度和时间是有关系的。而现在已经发现的遗址中的猪的牙齿最外面半透明的宽度大概只有其他层的一半。再根据前面的结论，只能说明这些动物在生命的最后只经历了半个冬季，因此直接选择选项 C。

对于其他选项，如果是 A 的话，那么最外面半透明的部分就几乎没有；而 B 项，无法由题干信息推出；C 项和 E 项，更是和题干信息没有什么关系，因此也是错误的。

8.3.5 改造盐碱地

科学家给内蒙古自治区的 40 亩盐碱地施入一些燃煤电电厂的脱硫灰渣，结果在这块地生长出了玉米和牧草。科学家得出结论：燃煤电厂的脱硫灰渣可以用来改造盐碱地。

以下哪项如果为真，最能支持科学家的结论？

A. 用脱硫灰渣改造过的盐碱地中生长的玉米与肥沃土壤中生长的玉米的长势差不多。

B. 脱硫灰渣的主要成分是石膏，而用石膏改良盐碱地已有 100 多年的历史。

C. 这 40 亩试验田旁边没有施用脱硫灰渣的盐碱地上灰蒙蒙一片，连杂草也很少见。

D. 这些脱硫灰渣中重金属污染物的含量均未超过国家标准。

【解析】正确答案是 C。本题考察的是不完全归纳推理。

首先，剖析题干信息。从题干可以看出，科学家将脱硫灰渣施入盐碱地，然后这块地长出玉米和牧草，从而得到结论：脱硫灰渣能够改造盐碱地。这显然是个不完全归纳推理，现在也没能说明脱硫灰渣和盐碱地改变有必然联系，因此题干的结论不是必然的。

其次，分析各个选项。题中要求找到最能支持科学家结论的一项，那么，就必须验证脱硫灰渣和盐碱地改变两者之间有着必然的联系。对于选项 A，以此作为不完全归纳推理的前提，也只能推出脱硫灰渣对盐碱地的改造起了较好的作用，并不能推出它们之间有必然的联系；对于 B 选项，根据历史也还是不完全归纳推理，也不能达到目的；对于 D 选项，和题干要支持的结论没有关系，也可以排除。

最后，对于 C 选项，未施加脱硫灰渣的盐碱地没有任何起色，而题干中施加脱硫灰渣的盐碱地能够生长玉米和牧草，由此可以得出，脱硫灰渣是盐碱地能够改变的关键，也就是两者间是有必然联系的，这就最有力度地支持了题干得到的结论。

第 9 章

从相似点出发的推理：
类比推理

09

　　类比推理是一种基于比较的推理过程。类比推理通常是从两个事物的相似点出发，得到它们在其他方面也相似的结论。当然，类比推理也不像演绎推理那般严谨，但是类比推理能给我们带来更加广阔的创造性思维。

9.1　认识类比推理

　　类比推理在生活中经常见到，有许多关于类比的词语，比如，"东施效颦""举一反三"等。本节主要介绍了类比推理的形式和主要特点，并且讲解了类比推理在各个领域的应用，最后讲到了该如何在生活中恰当地运用类比推理。

9.1.1　类比推理是什么

　　关于类比推理，有一个经典的故事，就是"鲁班造锯"：

　　听说有一天鲁班到山上砍柴，被一种锯齿形的坚硬树叶割破了手指。这个时候，鲁班心想："既然锯齿形的坚硬树叶能割破手指，那如果把坚硬的铁片也做成锯齿形的，是不是能割破树干呢？"之后，鲁班便将铁片的边缘部分锻造成锯齿形，也就造成了我们所说的锯。果然，这东西能锯断树干。

上面这个小故事包含了一个典型的类比推理：

前提：树叶是坚硬的，锯齿形的树叶能割破东西（手指）；

铁片也是坚硬的；

结论：锯齿形的铁片也能割破东西（树干）。

上述的推理过程，铁片和树叶两者都坚硬，由于锯齿形的树叶能割破手指，将铁片和树叶进行类比，从而得到一个结论：锯齿形的铁片也能割破树干。通常，在类比推理的思维过程中，对同一层次的两个事物，从事物之间的许多相同点出发，得到它们在另一方面上也是相同的，从而能达到触类旁通和举一反三的效果。我们同样可以将类比推理表示为简单的逻辑形式，如图9-1所示。

前提：A具有属性：a、b、c、d；

B具有属性：a、b、c；

结论：B具有属性d。

其中，A和B表示进行比较的两个（或两类）对象，a、b、c表示A与B之间相同或相似的属性，d表示类推得到的属性。

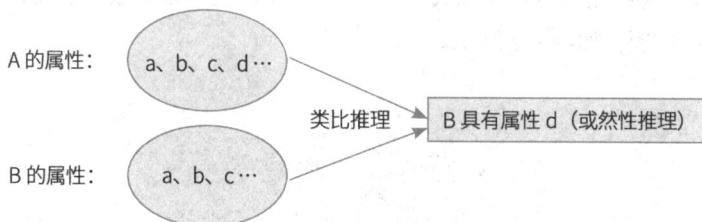

图9-1　类比推理

对于"鲁班造锯"的类比推理，可以发现这个推理的结论是可靠的。但是很多时候，类比推理只能作为一种比较猜测，对于它是否合理，还需要做进一步的科学验证。例如，火星和地球都是太阳系的行星，并且质量大小类似，因为地球上存在生命，所以火星上也存在生命。可见，类比推理和归纳推理一样，推理得到的结论不一定是正确的，是一种或然性推理。

类比推理的结论并不像简单枚举法那般不靠谱，因为宇宙间的万事万物都是互相联系的，而并不是孤立存在的。并且，两个事物之间的共同点或者相似点越多，也就说明它们之间的关系越紧密。这个时候如果我们采用类比推理，那么得到的结论就极有可能也是它们的共同点。因此，类比推理还是有一定的道理的。

但是，我们也知道，宇宙间的万事万物都是有不同点的，如果我们通过类比推理得到的结论恰好是它们之间不同的地方，那么，这个结论也就是错误的了。反之，我们类比推理得到的结论就是正确的。正因为这样，所以说类比推理是一种或然性推理，其结论未必是可靠的。

9.1.2　类比推理有什么用

类比推理并不像演绎推理那般逻辑缜密，因为前提正确的话，演绎推理的结论一定是必然的，但是类比推理带给人们广阔的创造性思维，这是演绎推理所不能达到的。类比推理的作用体现在科学发明尤其是仿生学中。"鲁班造锯"的例子就是鲁班利用类比推理才获得的思路。类似的，飞机、潜水艇、声呐、叩诊法等发明的逻辑理论基础，可以说正是类比推理，如图 9-2 所示。

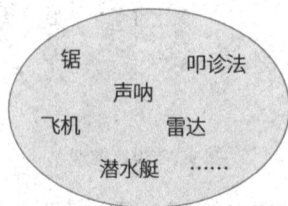

图9-2　一些基于类比的发明

类比推理也被应用在学习和工作中，帮助人们迅速地掌握各种知识和技术。对于一些类似的知识，我们可以利用类比推理的思维方式，从而能够举一反三和触类旁通，这样就能提高我们学习和工作的效率了。例如，在我们学会整数的加法交换律之后，就能将其类比运用到小数之中。

在日常生活中，我们往往可以用类比的方式来解释一些复杂的事物。我们常用的比喻的方法，就是类比思维。例如，老师可以比喻成园丁，医生可以比喻成白衣天使等。此外，类比思维还能让我们学会换位思考，学会推己及人，从对方的立场来考虑问题。

9.1.3 如何类比推理

在使用类比推理的时候，也不能轻率，否则就会闹出"东施效颦"一样的笑话。在使用类比推理时，一定要注意选择的两个事物在本质方面上是相同或者相似的，特别要注意，并不是两个事物之间的共性越多越好，而是这些共性必须是关键的。例如，将人和猩猩进行类比，我们可以发现两者有很多相似点，进行类比推理得到的结论是：猩猩也能够进行逻辑分析。显然，这个类比推理就是不恰当的，它的结论是十分荒谬的，因为逻辑分析能力是人类所特有的。关于"类比失当"的逻辑错误，在下一节中还有更多的例子。

最后，还有一点需要注意，类比推理是一种或然性推理，不像演绎推理和完全归纳推理一样，如果前提正确，那么结论就一定正确。不管用于类比推理的两个事物之间多么类似，类比推理得到的结论也不一定是正确的，也要进一步去检验。

9.2 逻辑错误

9.2.1 类比失当：女同学也不应该留长发

"男同学和女同学都是学校的学生，既然学校禁止男同学留长发，因此女同学也不应该留长发""宇宙是一个和谐且成系统的整体，钟表也是一个和谐且成系统的整体，钟表都有自己的创造者钟表匠，所以宇宙也有自己的创造者，它就是上帝"……

在上面这些类比的例子中，可以看到其中进行类比的两个事物并没有本质上的共同点，也可以这么说，它们之间本质上的差异都被忽视了。因此，由这样的类比得到的结论也就是荒谬的了。比如，第一个例子中，男女同学之间的性别明显不同，因而对于外形的要求也会不同，这个类比里面忽视了两者本质上的性别差异，而强求身份的一致性；第二个例子中宇宙和钟表完全是两个不同级别的事物，前者是很宏观的事物，后者是很精细的事物，将两者进行类比是不恰当的。

总之，在需要进行类比的时候，一定要注意两者之间需要讨论的方面是不是存在差异，如果是的话，就不能进行简单的类比推理，否则就容易犯"类比不当"的逻辑错误。

9.2.2 诉诸传统：过去怎样，现在也应该怎样

现实生活中经常能见到一种类比的做法，就是将过去、传统和现在进行对比，从而得到这样一个荒谬的结论：过去怎样，现在也应该怎样。比如，某次，有人驾车在路上不遵守交通规则被交警罚款了，便说"我以前也是这样做的，怎么没有罚款呢"；某次，有人父亲去世了，旁边的人说道"按照古时候的传统，你就应该守孝三年"；某次，有个人在田野干活，碰巧遇到一只野兔撞死在一棵树下，这个人后来就想着"上次也是在这里碰到死兔子，这次一定也能碰到"……

上面这些例子中，都犯了拿现在和过去进行类比的逻辑错误。我们都知道，世间万物都是随时间变化的，某一件事在过去是一回事，但是到了现在，却可能因为环境的变化而产生变化。因此，将过去和现在进行类比，很多情况下是行不通的。比如，上述第一个例子中，可能是因为现在的交通法规已经变化了，所以上次没问题并不代表着这次就不罚款；第二个例子中，古时候和现代明显是不同的时代，因此遵循的礼法也是有很大差别的，这时候进行类比就显得迂腐不堪了；第三个例子是"守株待兔"的故事，过去捡到兔子只是侥幸，并不能和现在的情形进行类比……

总之，在将过去的事件和现在的事件进行类比时，一定要注意具体环境是否已经发生了变化，过去的事件是否为概率事件，如果有这些情况，就不能进行比较，否则就是犯了"诉诸传统"的逻辑错误。

9.3　类比推理的逻辑训练

9.3.1　扑克能否进校园

某中学发现有学生课余用扑克玩带有赌博性质的游戏，因此规定学生不得带扑克进入学校。不过，即使是硬币，也可以用作赌具，但禁止学生带硬币进入学校是不可思议的。因此，禁止学生带扑克进学校是荒谬的。

以下哪项如果为真，最能削弱上述论证？

A. 禁止带扑克进学校不能阻止学生在校外赌博。

B. 硬币作为赌具远不如扑克方便。

C. 很难查明学生是否带扑克进学校。

D. 赌博不但败坏校风，而且影响学生学习成绩。

E. 有的学生玩扑克不涉及赌博。

【解析】正确答案是 B。本题考察了类比推理。

在题干中，运用了类比推理，用"硬币"来类比"扑克"，两者均可以作为"赌具"，因为"禁止学生带硬币进入学校是不可思议的"，所以"禁止学生带扑克进学校"也是不可取的。这是典型的类比推理。

要对类比推理进行削弱，就需要指出两个进行类比对象之间存在的本质差异，也就能够推翻整个论证了。再来分析各个选项，只有 B 选项直接说明了两者之间的差异，能够有力地削弱题干论证。

对于选项 A，说的是"校外赌博"，而题干中说的是"校内"，未考虑"校外"，这就扩大了题干中校方规定的适用范围，因此是无关选项，不能对题干论证形成削弱，因此可以排除。

对于选项 C，"很难查明学生是否带扑克进学校"，只能说明校方规定的可行性不强，但是不能对题干论证形成削弱，因此可以排除。

对于选项 D，说的是赌博的严重后果，是无关选项，因此可以排除。

对于选项 E，其中说的"有的学生玩扑克不涉及赌博"，只说明校方的规定有些偏激，同选项 D 一样，也不能对题干论证进行削弱，可以排除。

9.3.2 恐怖动物

美国的一个动物保护组织试图改变蝙蝠在人们心目中一直存在的恐怖形象。这个组织认为，蝙蝠之所以让人觉得可怕并遭到捕杀，仅仅是因为这些羞怯的动物在夜间表现得特别活跃。以下哪项如果为真，将对上述动物保护组织的观点构成最严重的质疑？

A. 蝙蝠之所以能在夜间特别活跃，是因为它们具有在夜间感知各种射线和声波的特殊能力。

B. 蝙蝠是夜间飞行昆虫的主要捕食者。在这样的夜间飞行昆虫中，有很多是危害人类健康的。

C. 蝙蝠在中国及其他许多国家同样被认为是一种恐怖的飞禽。

D. 美国人熟知的浣熊和中国人熟知的食蚊雀，都是在夜间特别活跃的羞怯动物，但在大众的印象中一般并不恐怖。

E. 许多视觉艺术品特别是动画片丑化了蝙蝠的形象。

【**解析**】正确答案是 D。本题考察的是类比推理。

首先，分析题干信息。题干中所陈述的动物保护组织的观点是：蝙蝠之所以让人觉得可怕并遭到捕杀，仅仅是因为这些羞怯的动物在夜间表现得特别活跃。题干要求选出最能质疑这一观点的选项。

对于选项 A，说出了蝙蝠夜间特别活跃的生理原因，这对题干的观点不能形成质疑，可以排除。

对于选项 B，可以得到蝙蝠是人类害虫的捕食者，也与题干的观点联系不大，可以排除。

对于选项 C，只能说明蝙蝠被人们认为是恐怖的动物，并未涉及具体原因，也可以排除。

对于选项 D，通过类比指出"浣熊和食蚊雀，都是在夜间特别活跃的羞怯动物，但在人们的印象中一般并不恐怖"，因而是对题干观点的直接、有力的质疑。

对于选项 E，同选项 D 一样，不能形成对题干观点的质疑。

9.3.3 文化需要独立

人类学家断言：文化仅当它是独立的而非依赖的，才能有所发展。也就是说，只有当来自它外部的压力被来自它内部的首创精神所取代的时候，它才能有所发展。换句话说，只有民族文化才是推动文化发展的动力，非主体文化可以提供有价值的建议，但是，任何把外来文化的观点强加给民族文化的做法，都会威胁它的独立和发展。

根据以上陈述，如果我们把每一所单独的学校都视为一种独立的文化的话，那么，以下哪一项可以作为教育进步的关键？

A. 每个学校都必须独立于外来的压力才能有所发展。

B. 某些学校只依靠他们全体员工和学生自己的创造力就能有所发展。

C. 学校的管理人员必须随着学校的不同而调整自己的首创精神。

D. 外来的因素必须被阻止参与学校发展的努力。

【解析】正确答案是 A。本题考察了类比推理的结论。

首先，分析题干信息。可以发现，题干要求我们进行一个类比推理，主要的思路是把一所单独的学校比作一种独立的文化，再根据题干的其他条件，选择能作为类比推理结论的选项。

接下来，分析各个选项。我们都知道，类比推理的结论中的属性是能够在前提中找到与之对应的条件，而且两者是相同或者相似的。首先，看选项 A，对应的题干中也提到，文化仅当它是独立而非依赖的才能有所发展，两者是相同的，因此，选项 A 可以成为题干中类比推理的结论。B 选项和 D 选项，虽然题干中也有提及，但是程度是不一样的，都太过绝对，因此不能作为题干中类比推理的结论。而选项 C，题干均未提及管理人员，可以直接排除。

9.3.4　历史学家和建筑师

赞扬一个历史学家对于具体历史事件阐述的准确性，就如同是在赞扬一个建筑师在完成一项宏伟建筑物时使用了合格的水泥、钢筋和砖瓦，而不是赞扬一个建筑材料供应商提供了合格的水泥、钢筋和砖瓦。以下哪项最为恰当地概括了题干所要表达的意思？

A. 合格的建筑材料对于完成一项宏伟的建筑是不可缺少的。

B. 准确把握具体的历史事件对于科学地阐述历史发展的规律是不可缺少的。

C. 建筑材料供应商和建筑师不同，其任务仅是提供合格的建筑材料。

D. 一个历史学家必须准确阐述具体的历史事件，但这并不是他的主要任务。

【解析】正确答案是 D。本题考察了类比推理的结论。

首先，分析题干信息。显然，题中是将历史学家和建筑师进行了类比，把历史学家准确阐述历史事件比作建筑师使用合格的建筑材料。接着，题干又提到了赞扬历史学家准确阐述历史事件和赞扬建筑材料供应商提供合格建筑材料是不同的，也就是这两者之间不能进行类比。从而可以得出，弄清题干建筑师和建筑材料供应商之间的区别是准确把握题干主题的关键。

建筑师使用合格建筑材料，建筑材料供应商提供合格建筑材料。但是，对于建筑材料供应商来说，他的主要任务就是提供合格的建筑材料；对于建筑师来说，使用合格的建筑材料只是他完成任务的必要条件，并且这也不是他工作的重点。这就是这两者的主要区别。

再回过头来，题干把对具体历史事件的准确阐述比作使用了合格的建筑材料；把做了准确阐述的历史学家，比作使用了合格建筑材料的建筑师，而不是比做提供合格建筑材料的建筑材料供应商，这意在说明，准确地阐述具体的历史事件，对于历史学家的工作来说是必不可缺的，但这并不是他的主要任务，也就是 D 项所要表达的。

而对于其他选项，A 选项是题干表达的，但是只是作为类比的例子，题干表达的主题是在历史学家身上；B 项中，题干并未提及历史发展规律；C 项和 A 项一样，题干要表达的主题和历史学家有关，建筑师和建筑材料供应商只能作为推理的前提。

9.3.5　内在和外在

我可以设身处地地把一些外在符号与一些内心事件关联起来，比如，将呻吟和脸的扭曲跟痛的感受关联起来。我从痛的体验中得知，当我有痛感时，往往就会呻吟和脸扭曲。因此，一旦我看到他人有相同的外在符号时，我就会理所当然地认为，他们也有与我相同的内心活动事件。毕竟我和他人之间，在行为举止和通常的生理功能方面，显然是相类似的，为什么在内心活动方面不也相类似呢！

下面哪一项能够最有力地支持上面的认证？

A. 相似的结果一定有相似的原因。

B. 痛感与呻吟和脸扭曲之间可能有密切联系。

C. 行为举止与内心活动也许有某种内在关联。

D. 人与人之间在很多方面都是相似的。

【解析】正确答案是 A。本题考察的是类比推理。

首先，分析题干信息。题干中是一个类比推理的过程，由两个人之间行为举止和生理功能方面的相似，从而得到他们内心活动方面的相似，并且，题干中要求加强这个结论。前面学过，类比推理结论可靠的关键在于各个事物之间是紧密联系的，也就是密切相关的。因此，要加强类比推理的结论，就要说明类比的两者之间是有联系的。

其次，分析各个选项。对于选项 A，相似的结果一定有相似的原因，表述的是因果关系，这是一种必然性的联系，也就说明了行为举止和生理功能（结果）和内心活动（原因）之间存在必然联系，这强有力地加强了题干中的结论。

最后，看其他三个选项，对于选项 B，只是举了痛感（内心活动）与呻吟和脸扭曲（行为举止）之间有联系，显然力度是不够的；对于选项 C，说明了内心活动和行为举止是有联系的，但是用的是"也许"，没有选项 A 力度大；对于选项 D，并不能和题干结论形成联系，是无关选项。

事物之间的必然联系：因果关系

10

"种什么因，得什么果"说的就是事物之间的因果关系，因果关系是事物之间的一种必然联系。日常生活中，我们往往需要分析事物之间的因果关系，这在逻辑学中也是一项重要的任务。

10.1　认识因果关系

因果关系只是事物之间必然联系的一种，并不是所有的必然联系都能称之为因果关系。最重要的是学会识别因果关系，并且能够知道怎么探求事物之间的因果联系。本节就介绍了五种寻求因果关系的方法。

10.1.1　什么是因果关系

"因为春天来了，所以花园里的花儿都开了""因为小明犯了错误，所以小明受到了惩罚""因为海拔很高，所以容易产生高原反应""因为他工作勤奋认真，所以很快便得到了晋升"……

第 10 章　事物之间的必然联系：因果关系

春天来了，花儿开了

犯了错误，受到惩罚

海拔很高，有高原反应

工作勤奋认真，晋升快

……

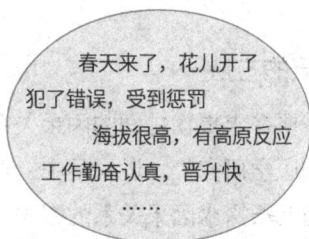

图 10-1　因果关系

如图 10-1 所示，如果一个事物引起了另一事物的发生，就表明它们之间存在着因果关系。在上面的例子中，对于第一个事物，比如，"春天来了""小明犯了错"和"海拔很高"等，我们称之为原因；对于第二个事物，比如，"花儿开了""受到惩罚"和"产生高原反应"等，我们就称之为结果，也就是结果是由原因引起的。

在逻辑学中，因果关系有图 10-2 所示的几个特点，我们根据这些特点也能判断出两个现象之间是否具有因果关系。

首先，因果关系是客观存在的。现实生活中，我们都知道现象的因果不是由我们的主观意志所能改变的，原因必定会引起结果，它们之间是必然联系的。比如，不是我们想今天下雨就能下雨的。

其次，因果关系在时间上有先后性。也就是说，先有原因，后面才能有结果，不能颠倒过来。比如，是因为小明犯了错误才受到了惩罚，而不是因为小明受到了惩罚才犯了错误。

最后，因果关系是辩证复杂的。很多现象的原因和结果都是错综复杂的，有的现象是由多个原因一起作用的结果，有的现象也能作为许多结果的原因。比如，产生高原反应，除了海拔高这个因素外，还与个人的生理状况有关。

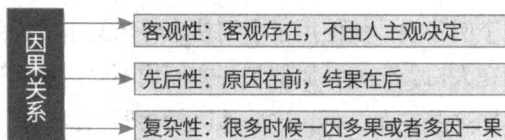

因果关系
- 客观性：客观存在，不由人主观决定
- 先后性：原因在前，结果在后
- 复杂性：很多时候一因多果或者多因一果

图 10-2　因果关系的特点

· 145 ·

10.1.2　探求因果的方法

很多时候我们都需要探求事物之间的因果关系，比如，科学实验、案件调查、活动调研和医学研究等。逻辑学中，对各种探求因果关系的过程进行总结，能得到五条探求因果关系的方法，由于这些方法是英国逻辑学家穆勒总结的，所以这五种方法又叫做穆勒五法。它们分别是求同法、求异法、求同求异并用法、共变法和剩余法。

1. 求同法

如果在几个不同的场合都出现了某一个现象，并且在几个场合除了一个条件相同外其他条件都不相同，那么，这个相同的条件就是这个现象发生的原因。这就是求同法，也叫作契合法。我们可以从下面这个例子来体味求同法：

在 19 世纪，人们还不知道为什么有些人会得大脖子病，即甲状腺会肿大，后来人们对甲状腺肿大盛行的地区进行调查和比较时，发现这些地区的人口、气候、人种和风俗习惯等各不相同，如图 10-3 所示，然而有一个共同情况，即居民的食物和饮水中缺碘，由此得出结论：缺碘是甲状腺肿大的原因。

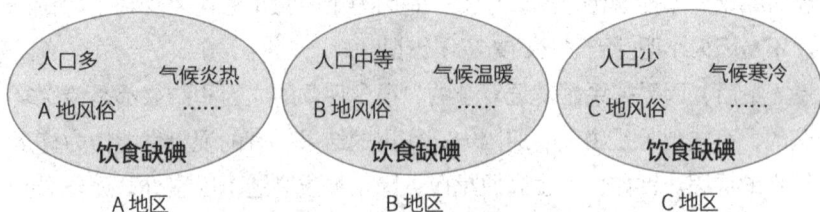

图 10-3　大脖子病盛行的地区

在上面这个例子中，就使用了求同法来寻求其中的因果关系。通过发现这些地区在人口、气候、风俗等各方面均不同，从而确定了甲状腺肿大的原因不在这些方面。再看这些地区的共同点，只有一个，即土壤和饮水中缺碘，也就确定了这就是甲状腺肿大的原因。

但是，有些时候没有考虑到这些场合之间的一些关键的共同点，而只是选择了那些无关的共同点，就会得到错误的结论。

例如，在上面的例子里，如果选择的共同点是这些地区都是内陆地区，那么就会得到长期生活在内陆地区是甲状腺肿大的原因的结论。显然，这样的原因是不可靠的，这虽然是一种共同的现象，但还不能作为甲状腺肿大的的原因。

2. 求异法

和求同法相对，求异法就是探求不同点。在两个不同的场合，不同点只有一个，其他条件都相同，却造成了现象的结果不同，那么，这个不同点就是现象不同的原因。这就是用求异法探求原因的过程。我们可以用如下的一则小故事来理解这个方法：

小明和小王在一个班，小王的学习成绩很好，小明的成绩较差。小明便寻思着找到这里面的原因，他发现两人的老师都是一样的，老师讲的课和布置的作业都是一样的，学习时间也差不多，买的教辅资料也都是一样的，但是小明发现小王经常记笔记，但是自己没有这个习惯，自己从未记过笔记，小明和小王的学习情况如图 10-4 所示，因此，小明觉得：因为自己没记笔记，所以考试成绩比小王差。后来小明也和小王一样做笔记，果然学习成绩就越来越好了，最后和小王的学习成绩不相上下了。

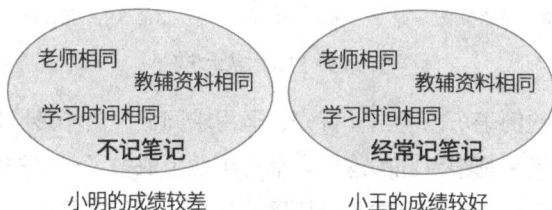

图 10-4　两人的学习情况

在上面的这个故事中，小明使用的方法正是求异法。他在发现自己比小王的成绩差了很多以后，先是仔细地比较了自己和小王各方面的情况，发现只在记笔记这一项上面两人差别很大，因此小明便认为没做笔记就是成绩比小王差的原因。总之，在使用求异法时，一定要注意各个场合只能有唯一的不同点。

显然，求异法比求同法要可靠得多。但是，在实际生活中，各种场合错综复杂，不受人为控制，运用求异法可能很难找到完全只有一个不同条件的两个场合，因此，这种方法也有一定的局限性。

3. 求同求异并用法

求同求异并用法，综合了前面的两者方法。具体如下：如果在某些场合中只有一个共同点，其他都不同，这时候都出现了某现象；而在另外一些场合中，都没有这个特点，其他都不同，这时候都没出现这个现象，那么，这个共同点就是现象的原因。

例如，在现实生活中，可以发现，尽管职业、性别等各方面不同，但那些专注的人都在自己的领域取得了不错的成就。而对于那些缺乏专注的人，他们却没能处于行业的上层。由此可以得到：专注是取得事业成就的原因。为了进一步简化，其中三个人的状况如图 10-5 所示：

| 甲：事业有成 | 乙：事业有成 | 丙：事业平平 |

图 10-5　三人的基本状况

从上面的例子可以看出，首先，运用求同法，由年龄、职业、性别等各不相同但是都很专注的这些人都在事业上取得了一定的成就，可以得到专注是取得事业成就的一个原因；其次，运用求异法，由于缺乏专注的人没有取得相应的事业成就，从而可以进一步得到：专注是取得事业成就的原因。例如，如图 10-5 所示，甲和乙之间可以采用求同法，乙和丙之间可以采用求异法。

显然，求同求异法和求同法相比，只是多了一组都没共同点的场合，但正是如此，从正、反两个方面都考虑到了潜在的原因，所以得到的结论要比求同法可靠得多。同样的，求同求异法也比求异法更加可靠。

4. 共变法

如果在一个场合中，某个条件变化，其他的条件都是不变的，得到的现象也随之变化，那么这个条件就是这种现象的原因，这就是共变法，如图 10-6 所示：

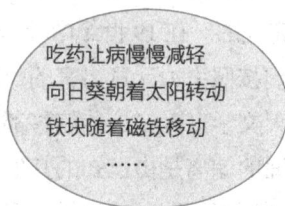

吃药让病慢慢减轻

向日葵朝着太阳转动

铁块随着磁铁移动

……

图 10-6　一些共变的因果关系

铁块总是随着磁铁移动，因此磁铁是引起铁块移动的原因。但要注意的是，共变法也不是必然的，比如，星期二总是在星期一的后一天来到，因此星期一是星期二的原因。显然，这两者仅仅只存在先后关系，并无因果关系。

和前面的求同法、求异法等进行比较，你会发现，共变法考虑的不只是现象有没有发生，而是它的变化过程。因此，共变法的适应性是更广的。值得注意的是，在使用共变法时，一定要注意变量只能有一个，其他情况都是不变的。另外，还需要注意这种共变关系不能超过限度，比如，施肥能够让农作物长得更好，然而施肥多了的话也会使农作物死掉。

5. 剩余法

剩余法找的是局部对局部的原因，也就是说，如果已知一个现象是由某种原因引起的，而这个现象中的一部分是由原因中的一部分引起的，那么它的另一部分也就是由原因中的另一部分引起的。为了方便理解，我们可以用逻辑符号表示为如下的形式：

由 a、b、c、d 构成的复合的被研究对象是复合情况 (A、B、C、D) 作用的结果，

现象 a 是情况 A 作用的结果，

现象 b 是情况 B 作用的结果，

现象 c 是情况 C 作用的结果，

所以，现象 d 是情况 D 作用的结果。

关于剩余法，有一个经典的故事，那就是海王星被发现的过程。这个发现过程是在笔尖上完成的。在 19 世纪中叶，一些天文学家发现天王星的运行轨道总是和人们按照引力计算出来的轨道不同，有几个方面的偏离。经过观察分析，天文学家确定这些偏移都是由其他行星引起的，但是只知道其中一些方面的偏离是由已知的其他几颗行星的引力所引起的，而另一方面的偏离则原因不明。这时候，天文学家便断言，剩下的一处偏离必然是由另一个未知的行星的引力所引起的。后来有的天文学家和数学家便据此推算出了这个未知行星的位置。之后按照这个推算的位置进行观察，果然发现了一颗新的行星——海王星。这个过程可以简要地表示为如图 10-7 所示：

图 10-7　天王星偏移的原因

在上面这个例子中，天文学家确定天王星的偏移是由其他行星引起的，然后进一步分解，将偏移分成各个方面，比如，偏移 1，偏移 2 等，接着发现其中一些偏移是由已知的其他行星产生的，比如，偏移 1 是由行星 1 产生的，偏移 2 是由行星 2 产生的，最后还剩下一个方面的偏移原因不明，从而也就能够断定这是由一颗未发现的行星引起的。

上述的五种方法本质上都属于不完全归纳推理，所以由它们得到的结论可能是不正确的。即使这样，它们对于我们解决有关因果关系的问题仍然有着实际的意义。

10.2　逻辑错误

10.2.1　滑坡谬误：玩游戏就会找不到好工作

小明在玩游戏，妈妈看到了便这样说道："怎么还在玩游戏？你今天玩了这么久的游戏，肯定就没有花什么时间在学习上；你不花时间在学习上，肯定下一次联考成绩会退步；你联考成绩退步了，到时候高考怎么能考好呢；你高考考砸了，怎么能上一个好大学；没有读一个好大学，又如何能找到一份好工作呢？"

小敏这一次没去相亲，她的父母便这样说道："怎么没去相亲呢？你今天没去相亲，就错过了找对象的机会；这次错过了机会，没有经验，下次怎么能找到好对象呢？再这样下去怎么行呢？"

上面的例子在现实生活中都很常见，这些虽然是父母的一番好心，但是听起来总会让人觉得有点夸大：现在玩一会儿游戏，怎么以后就找不到好工作呢？这次相亲没去，怎么以后就很难找到对象呢？其实，这里面存在着"滑坡谬误"的逻辑错误。如上面两个例子，通过不加思考地强加因果，或者把某种可能性夸大为必然性，在使用一连串这样的因果推理后，结果从最初的现象引出了某种严重的结果，这就是滑坡谬误，如图 10-8 所示。

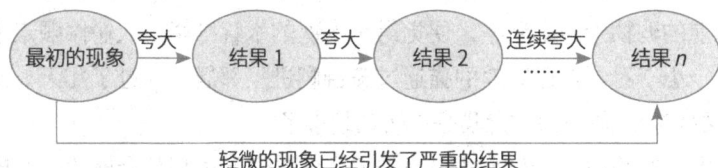

图 10-8　滑坡谬误

在滑坡谬误中，最后的结论和最初的现象早已脱离了必然的因果关系。使用者在夸大联系和强加因果的时候，通常都采用了一种不严谨的思维惯性，而其并不自知。因此，一定要警惕惯性思维，不夸大，更不能连续地夸大，这样才能避免出现滑坡谬误。

10.2.2　因果倒置：因为受到表扬所以成绩好

"因为小明在班里经常受到老师表扬，所以他学习成绩好""因为物价上涨了，所以通货膨胀""因为小李身体素质很好，所以他经常锻炼身体""因为你惩罚了小明，所以小明才做错了这件事""因为大家走得都很慢，所以这条路很不好走"……

上面这些例子看起来很离谱，其实很多类似的情况都在我们的生活中上演过，只是很多人没有认识到。这些例子，把事物的原因和结果相互颠倒，将原因当作了结果，将结果当作了原因，这显然是不符合逻辑的。比如，"经常受到表扬"是"学习成绩好"的结果，"身体素质很好"是"经常锻炼身体"的结果，"惩罚小明"是"他做错这件事"的结果，"大家走得都很慢"是"这条路不好走"的结果……

总之，在现实生活中，对于有因果关系的两个事物，一定要分清楚哪个是原因，哪个是结果，才能避免出现"因果倒置"的逻辑错误。

10.2.3　事后归因：昨天的事一定是今天的原因吗？

某天，小明从朋友那里借电脑用了一下，过了不久，小明朋友的电脑就出了问题，朋友就这样责怪小明："当初不该借你电脑，你看，这下我的电脑出问题了。"某次，小王家里来了水管维修工人，过不久发现以前的购物卡找不到了，便觉得是上次的水管维修工人偷偷顺走了；某次，小李看到自己家养的猫通过窗台爬进了邻居家，过了几天，小李还没找到猫，便一口咬定猫是邻居藏起来了。

上面这些例子，在生活中很常见，但它们是否都是合理的呢？电脑坏了就一定是借电脑的人导致的吗？可不可能是自己的问题呢？购物卡不见了一定是来过的维修工人顺走了吗？可不可能是自己不小心落在了某个角落呢？猫进了邻居家不见了就一定是邻居的问题吗？可不可能是在外面出事了只不过没被你看见呢？

　　显然，上面这些情况都可能是成立的。这些小故事仅仅通过两个事件在时间上的先后关系就将它们定为因果关系，显然是不可取的，因为还可能存在其他情形。这些就是"事后归因"，在现实生活中非常普遍。因此，一定要保持严谨的逻辑态度，即使因为时间的先后关系产生了疑心，也不要把主观的疑心上升为必然的因果关系，一定要以客观事实为基础，否则就容易产生误会。

10.2.4　共存归因：两件事在一起就一定是因果吗？

　　小明数学成绩和语文成绩都很好，小王便这样认为："小明数学成绩好，肯定是因为语文成绩也好。"有人看到有很多人既喝酒又吸烟，便这样认为："喝酒是因为吸烟，吸烟是因为喝酒。"有人见到病人脸色苍白，没有精神，便这样说："你脸色苍白，是因为你没有精神。"有人见到文身的人打架，便说："这个人有文身，不打架才怪。"

　　上面这些例子，看起来是缺乏道理的，它们把没有必然联系的两个事物强行置为因果关系，而唯一的依据就是这两件事物都是发生在一起的。这种"共存归因"的做法在逻辑上是有漏洞的，比如，数学成绩和语文成绩没有必然联系，两者都好或许是因为学习努力；喝酒和吸烟也没有因果关系，两者都是生活习惯问题；脸色苍白和没有精神也没有因果关系，两者是因为疾病；有文身和打架也没有因果关系，两者完全是不同方面的事。

　　在现实生活中，一定不要被事物表面的联系所欺骗，不要因为这种同时存在的巧合就误认为存在因果关系，一定要努力寻找各个事物背后的本质原因，慢慢修炼出一双看透事物本质的慧眼。

10.3 因果关系的逻辑训练

10.3.1 奖学金和学习效率

某学院最近进行了一项有关奖学金对学习效率是否有促进作用的调查，结果表明：获得奖学金的学生比那些没有获得奖学金的学生的学习效率平均要高出 25%。调查的内容包括自习的出勤率、完成作业所需要的平均时间、日平均阅读量等许多指标。这充分说明奖学金对帮助学生提高学习效率是很有用的。

以下哪项如果为真最能削弱以上的论证？

A. 获得奖学金通常是因为那些同学有好的学习习惯和高的学习效率。

B. 获得奖学金的同学可以更容易改善学习环境来提高学习效率。

C. 学习效率低的同学通常学习时间长而缺少正常的休息。

D. 对学习效率的高低跟奖学金的多少的关系的研究应当采取定量方法进行。

E. 没有获得奖学金的同学普遍觉得学习压力过重，很难提高学习效率。

【解析】正确答案是 A。本题考察的是因果关系的性质。

首先，分析题干。通过统计的数据，由归纳推理可以得到：奖学金和学习效率之间存在着相关联系。题干中给出的观点：奖学金对学生提高学习效率有明显作用，而题目要求的是最能削弱该观点的选项。显然，获得奖学金和高的学习效率之间的联系，应该是奖学金是学习效率高的结果，学习效率高是获得奖学金的原因。题中的观点将两者的因果关系倒置了。

接着，分析各个选项。对于选项 A，表明了获得奖学金和好的学习习惯、高的学习效率之间的正确的因果关系，能够削弱题干中因果倒置的观点；对于选项 B，显然是进一步阐述了奖学金能提高学习效率的原因，这是加强了题干观点；对于选项 C，"学习效率低的同学缺少正常休息"和题干中的观点毫无联系，是无关选项；对于选项 D，"研究方法应采用定量方法"也不能帮助反驳题干中的观点；对于选项 E，如选项 B 一样，也是加强了题干的观点。综合得到，答案应该为 A 选项。

10.3.2　疾病和性格

越来越多的有说服力的统计数据表明，具有某种性格特征的人易患高血压，而另一种性格特征的人易患心脏病，如此等等。因此，随着对性格特征的进一步分类研究，通过主动修正行为和调整性格特征以达到防治疾病的目的的可能性将大大提高。

以下哪项，最能反驳上述观点？

A. 一个人可能会患有与各种不同性格特征均有关系的多种疾病。

B. 某种性格与其相关的疾病可能由相同的生理因素导致。

C. 某一种性格特征与某一种疾病的联系可能只是数据上的巧合，并不具有一般性意义。

D. 人们往往是在病情已难以扭转的情况下才愿意修正自己的行为，但已为时太晚。

E. 用心理手段医治与性格特征相关的疾病的研究，导致心理疗法遭到淘汰。

【解析】正确答案是 B。本题考察了对因果关系的理解。

首先，分析题干信息。题干中根据统计的数据归纳得到：某性格特征总是伴随着某疾病出现。并且因此推断：某性格特征是某疾病的原因。而题目要求的是最能反驳该观点的选项。

接着，分析各个选项。对于选项 A，只说明了一个人可以同时患与性格有关的多种疾病，并未反驳两者间的因果关系，因此可以排除；对于选项 B，某性格和相关疾病可能都是某种生理因素造成的结果，从而表明性格和相关疾病之间并不具有因果关系，因而反驳了题干的观点；对于选项 C，表明数据上存在偶然性，这是不完全归纳推理所隐含的问题，也能对题干观点进行反驳；对于选项 D 和选项 E，病人的意愿和治疗手段与题干观点联系不大，是无关选项。综合得到，选项 B 的质疑直接从因果关系出发，反驳最有力。

10.3.3 中毒事件

最近，有几百只海豹因吃了受到化学物质污染的一种鱼而死亡，这种化学物质即使量很小，也能使哺乳动物中毒，然而一些人吃了这种鱼却没有中毒。

以下哪项如果正确，最有助于解释上面陈述中的矛盾？

A. 受到这种化学物质污染的鱼本身并没有受到化学物质的伤害。

B. 有毒的化学物质聚集在那些海豹吃而人不吃的鱼的部位。

C. 在某些既不吃鱼也不吃鱼制品的人的身体内，也发现了这种微量的化学毒物。

D. 被这种化学物质污染的鱼只占海豹总进食量的很少一部分。

【解析】正确答案是 B。本题考察的是求异法。

首先，分析题干信息。根据题干，在少量该种化学物质便能使哺乳动物中毒的大前提下，海豹吃了受污染的鱼中毒而死亡，人吃了却没中毒。题目要求探求其中的原因，显然，这里可以采用求异法，都吃了受污染的鱼，但是得到的结果却是不同的，因此，海豹和人在吃鱼时候的不同就可能是导致这些结果出现的原因。

接着，分析各个选项。对于 A 选项，鱼有没有受到伤害与人和海豹是否中毒是没有关系的，题干中也没提及，因此可以排除。对于 B 选项，分析一下，得到：海豹吃了鱼的有化学物质的部位，人没吃这些部位，再结合题干中的大前提，显然这个不同点就是题干中要探求的原因，故 B 选项正确。再看 C、D 选项，题干中完全没有涉及，都是无关选项。

10.3.4　捕食习惯

当一只鱼鹰衔着一条鱼，如鲱鱼、鳕鱼或胡瓜鱼，由捕鱼地返回巢穴时，其他鱼鹰就会沿着它的行踪觅食，但是，如果这只鱼鹰衔的是鲽鱼，其他鱼鹰就很少有这种行为，虽然鱼鹰像吃其他鱼一样也吃鲽鱼。

以下哪一项最有助于解释上面所说的鱼鹰捕食的习惯？

A. 鱼鹰很少能够捕到鲱鱼、鳕鱼或胡瓜鱼。

B. 鲽鱼生活的水域比鲱鱼、鳕鱼或胡瓜鱼生活的水域要浅。

C. 鲱鱼、鳕鱼或胡瓜鱼是群体活动，而鲽鱼不是。

D. 鲽鱼和鳕鱼有保护色，而鲱鱼和胡瓜鱼没有保护色。

【解析】正确答案是 C。本题考察的是求异法。

首先，分析题干信息。题干中提到，一只鱼鹰捕食鲱鱼、鳕鱼或胡瓜鱼时会有其他鱼鹰沿着它的行踪觅食，一只鱼鹰捕食鲽鱼则很少会有其他鱼鹰跟着觅食。显然，这两种场合当中只有一个不同点，就是捕食的鱼的种类不同而造成的结果也是不同的。显然，鱼的种类的不同只是表象，题目要求寻找鱼鹰这种捕食习惯的真正原因。因此，我们可以使用求异法来探求其中的因果关系。

接下来，分析各个选项。对于选项 A，并未提到鲽鱼，不能进行求异，可以直接排除；对于选项 B，虽然说出了鲽鱼和其他被捕食鱼类的不同，但是题干并没有讨论猎物生活水域的深浅对鱼鹰捕猎的影响，因此也可排除；对于选项 D，把鲽鱼和鳕鱼归做一类，和题干是不符的，可以排除。

对于选项 C，说出了鲽鱼非群居，而鲱鱼、鳕鱼或胡瓜鱼都是群居，这是它们之间的不同点，而鱼鹰的捕食行为是会受到影响的。因为鱼鹰捉到一条鲱鱼的地方可能有很多鲱鱼，导致鱼鹰聚集，而捉到鲽鱼的地方可能不再有其他的鲽鱼，所以鱼鹰不聚集，这样就很好地解释了题干描述的现象，因此选项 C 是正确的。

10.3.5 记忆力蛋白质

科学家发现，一种名为"SK3"的新型蛋白质在不同年龄的实验鼠脑部的含量与其记忆能力密切相关：老年实验鼠脑部 SK3 蛋白质的含量较高，年轻实验鼠含量较少，而老年实验鼠的记忆力比年轻实验鼠差，因此，科学家认为，脑部 SK3 蛋白质含量增加会导致实验鼠记忆力衰退。

以下哪项如果为真最能支持科学家的结论?

A.在年轻的实验鼠中，也发现了脑部 SK3 蛋白质含量较高的情况。

B.已经发现人类的脑部也含有 SK3 蛋白质。

C.当科学家设法降低老年实验鼠脑部 SK3 蛋白质的含量后，它们的记忆力出现了好转。

D.科学家已经弄清了 SK3 蛋白质的分子结构。

【解析】正确答案是 C。本题考察了共变法。

首先，分析题干信息。题干中科学家使用了共变法寻求因果，他是这样推理的：老年鼠脑部 SK3 蛋白质较高，记忆力较低；年轻鼠脑部 SK3 蛋白质较低，记忆力较高从而得到脑部 SK3 蛋白质含量增加会导致实验鼠记忆力衰退的结论。这个推理过程是不严谨的，因为老年鼠和年轻鼠之间不仅脑部 SK3 蛋白质含量不同，年龄也不同，这两者都是变化的，显然，不能只将其中一个作为记忆力变化的原因，而忽视掉另一个。

接下来，分析各个选项。题中要求最能够支持科学家的结论，因此对于 A、B 和 D 选项，并未涉及记忆力，也就无法和结论相联系，都是无关选项。对于 C 选项，说到了科学家将老年鼠脑部 SK3 蛋白质含量降低后它们的记忆力出现了好转，也就说明了同一老鼠，它的记忆力是随着脑部 SK3 蛋白质含量的变化而变化的。其中只有一个变量，却得到了不同的结果，符合共变法，因此得到脑部 SK3 蛋白质含量和记忆力好坏之间有因果关系。

第 11 章

必须遵循的逻辑准则：逻辑规律

11

　　物理学有最基本的规律,数学当中也有最基本的定律,在逻辑学中,也存在最基本、最普遍的规律。这些基本的逻辑规律,每一条都是必须遵循的逻辑准则,如果违反了某一条规律,也就说明在逻辑上出现了差错。

11.1　认识基本的逻辑规律

　　通过逻辑学家们的总结,一共得到了四个最基本的逻辑规律,如图11-1所示。这些逻辑学中最基本、最普遍的规律就是同一律、矛盾律、排中律和充足理由律,并称逻辑学中的四大基本规律。掌握这些规律,就能避免犯一些严重的逻辑错误。

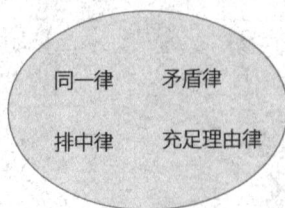

| 同一律 | 矛盾律 |
| 排中律 | 充足理由律 |

图 11-1　四大逻辑基本规律

11.1.1　同一律

同一律，顾名思义，就是要保持事物的同一性，逻辑上表示为，A 是 A，其中 A 表示某个事物。同一律是指，在思维过程中，每一个概念或者命题都应该有它本身的含义，并且要保持前后一致，不能随意改变。像逻辑学中"偷换概念"或者"转移论题"等逻辑错误，都是违反了同一律。同一律确保了思想的确定性，我们可以从下面的故事中体会逻辑中的同一律。你知道这位老人的秘诀吗？

有三个秀才赶考，遇到一位老人，便问他几人能中榜。老人一字不吐，只竖起一根手指便把三个秀才打发走了。最后，三位秀才当中有一位中了皇榜，便带礼物前来感谢这位老人。

在上面这个小故事中，为什么那位老人能够知道三位秀才当中一人能中皇榜呢？其实不然，那位老人并没有什么未卜先知的神秘能力，而是巧妙地利用了"一根手指"的歧义，这里其实就违反了同一律，只是三位秀才未能发现。那位老人的手势可以表示三种意思，如图 11-2 所示：只有一个上榜、没有一人上榜、没有一人不上榜。无论最终结果怎样，那位老人都能选择其中一种说法来自圆其说。显然，这是"有歧义"的逻辑错误。

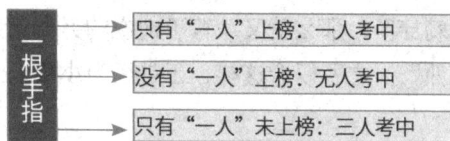

图 11-2　"一根手指"的三种意思

其实，那位老人的做法是违反逻辑规律的。在逻辑学中，同一律要求我们不仅要求保持概念的同一性，确保概念的内涵和外延都是一致的。同时，还要求我们保持命题的同一性，确保命题的含义是前后一致的，不会出现"转移论题"的逻辑错误。

在现实生活中，同一律是人们在进行交流和学习的过程中必须要遵守的。只有遵守同一律，才不会在交流、沟通过程中出现上述例子中那样荒谬的结论，才能形成确定性思维，确保思想或者观点得到正确而又准确的表达。

11.1.2　矛盾律

逻辑学中的矛盾律并不是寻找矛盾、制造矛盾，而是要确保逻辑思维过程中不会产生矛盾，用逻辑符号表示为，A 不是非 A。我们都知道，自相矛盾是一种很常见的逻辑错误，而矛盾律确保了思想前后的一致性。接下来，我们可以通过下面这个有名的故事"自相矛盾"来体味一下逻辑学中的矛盾律。

战国时有个小贩卖矛和盾，他一边吹嘘自己卖的矛很锋利，能刺穿任何坚硬的东西；另一边他又吹嘘自己卖的盾很坚固，能够抵挡任何锋利的东西。这时候，旁边有人看不下去了，便问道："用你卖的矛去刺你的盾，会是怎样的结果呢？"这个小贩顿时无言以对。

这个故事很好地解释了逻辑学中的矛盾律。卖矛和盾的小贩，正是因为违背了逻辑规律中的矛盾律，才落得个无言以对的两难境地。如图11-3 所示，我们设想一下，如果小贩回答"矛能够把盾刺穿"，那么这就违背了他前面说过的"我的盾能抵挡任何锋利的东西"；如果小贩回答"矛不能把盾刺穿"，那么就又违背了他说的另一句话"我的矛能刺穿任何坚固的东西"。之所以会这样，正是因为小贩之前说的两个命题是互相矛盾的。

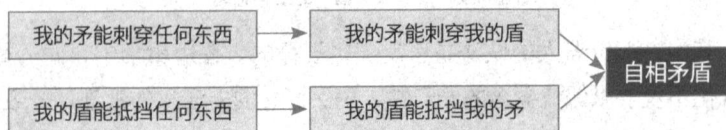

图 11-3　自相矛盾的故事

结合上面的故事，可以发现，矛盾律要求在思维的过程中始终保持前后是一致的，不能出现相互矛盾的两个命题同时成立的情况。因此，在日常生活中，遵守矛盾律就需要时时刻刻明白命题之间的关系，对于相互之间是矛盾关系的两个命题，我们只能肯定一个，否定另一个，而不能同时否定或者同时肯定，这样才能确保逻辑上不会"自相矛盾"。

11.1.3　排中律

排中律，通俗地说就是非此即彼，用逻辑符号表示为，A 和非 A 必有一真。它指的是对于某个命题只能是非真即假，对于某个事件只能是成立或者不成立，而没有其他的可能。也就是说，对于互为矛盾的两个命题，必须是一真一假，不能出现两者同时为真或两者同时为假的情况。排中律和矛盾律是相辅相成的，确保了思想的明确性，不会出现模棱两可的情况。我们可以从一则小故事揣摩排中律的作用：

老师在课堂上统计人数，他先是让男生举手，点了点数；接着，又让男生把手放下，让女生举手，点了点数，然后让女生把手也放了下来。老师统计了一下，发现少了一人，这时候有同学便告诉老师，小明没有举手。老师明白了，便说小明这是违反了逻辑中的排中律，如图 11-4 所示。

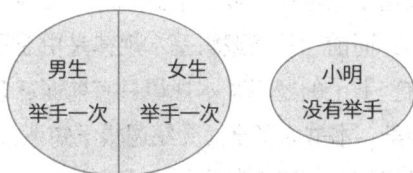

图 11-4　小明违反了排中律

为什么老师会说小明违反了排中律呢？这是因为小明要么是男生，要么是女生，只能选择其一。如果按照逻辑，他就必须举一次手，但是小明两次都没有举手，也就表明小明没有选择其一，因此，小明违反了排中律。

日常生活中，我们运用的排除法正是利用了逻辑的排中律，找到互相矛盾的两个命题，如果已经得知它们当中一个命题为假命题，那么就可以知道另一个命题必定为真命题了。总结起来，在使用排中律判断两个命题的真假时，一定要先明确它们之间是矛盾关系，然后再根据其中一个的真假情况对另一个的真假进行判断。

同一律、矛盾律和排中律，同样可以用图和逻辑符号来表示，如图11-5所示：

逻辑规律	同一律	矛盾律	排中律
图示	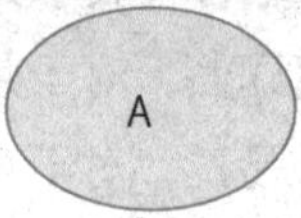 A	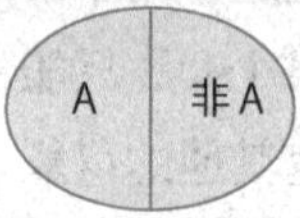 A　非A	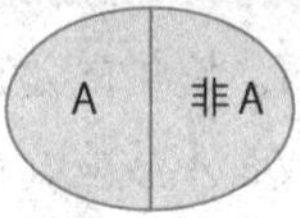 A　非A
符号	A是A	A不是非A	A和非A必有一真
例子	地球是我们赖以生存的星球	任意一个负数都不是非负数	这个数要么是0，要么不是0

图11-5　逻辑规律图

11.1.4　充足理由律

简而言之，充足理由律就是指任何判断都必须有（充足）理由，充足理由律更多地应用于论证和反驳之中。充足理由律是由德国哲学家莱布尼茨总结提出的，而前面三条逻辑基本规律是由亚里士多德提出的。需要注意的是，有些书上的逻辑基本规律只有前面三条，有些书则包括充足理由律共有四条，本书为了全面介绍逻辑学知识，故依照后者。

充足理由律是根据前面三个基本规律得来的，它确保了判断具有说服力，经常体现在逻辑论证的过程中。根据充足理由律，我们在推理或者论证过程中，要想确保前提能成为结论的充足理由，也就意味着需要确保它们之间是有必然联系的。下面就是一个违背充足理由律的小故事：

有一次，王奶奶自己不小心摔倒在地上，刚好骑自行车路过的小明停了下来，将王奶奶扶起来，并且送到了医院。可是王奶奶和家人却认为是小明撞倒的王奶奶，他们的理由是这样的：既然不是你撞的，那么你又怎么会送到医院呢?

显然，王奶奶和家人的结论是不可靠的，那个"不是你撞的，你为什么送到医院"的依据不能够形成充分的理由。这个故事告诉我们凡事要讲究证据，不能轻易怀疑别人。因此，在日常生活中，充足理由律是必须遵守的逻辑基本规律。

11.2　逻辑错误

11.2.1　词语歧义：我家门前的水沟很难过

有一个笑话，老师让学生分别用"十分""难过""如果"造句，一个学生给出了自己造的三个句子："十分就是一毛""我家门前的水沟很难过""牛奶不如果汁好喝"；有一个故事，一个借条上面写着"还欠款 × × 元"，结果两人为此闹上了法庭，借款方坚持认为是"还（hai）欠款"，而还款方坚持认为应该读作"还（huan）欠款"……

上面这两个例子，一个是诙谐幽默的笑话，一个是严肃的官司，两者都是由词语歧义引起的。从逻辑学的角度来看，曲解词语的含义或者使用有歧义的词语，都违背了逻辑学中的"同一律"。第一个例子中，老师给出的"十分"是一个副词、"难过"是一个形容词、"如果"是一个连词，而学生造句的时候却将这些词语理解成了另外的含义，因而闹出了笑话；第二个故事中，当初双方签借条时，未注意到"还"这个多音字具有不同的含义，最终必然有一方是从自己的利益出发，故意换一个读音，但是真假难辨，因此闹上了法庭。

由此可见，在日常生活中，如果不严格遵守逻辑中的"同一律"，不注意词语的歧义，不仅有可能闹出像第一个例子中那样的笑话，还有可能造成第二个故事中那样僵持的复杂局面。

11.2.2　自相矛盾：万能溶液存在吗?

有一天，一个年轻人兴奋地对爱迪生说道："我有了一个伟大的想法！我要发明一种万能的溶液，可以溶化一切物品。"爱迪生听了以后，便笑着说道："那你想过用什么容器来装这种可以溶化一切的溶液吗？"年轻人顿时哑口无言。

在这个故事中，为什么这个年轻人会被爱迪生问得哑口无言呢？因为他的想法违反了逻辑规律中的矛盾律，造成了自相矛盾的逻辑错误。因为如果他承认找到了容器来装这种溶液，那么就与"这种溶液能够溶化一切"相矛盾；同样的，如果这种溶液真的万能，所有容器都不能装这种溶液，那么它又怎么产生和贮藏呢？因此，无论怎样，都会得到自相矛盾的结果。

现实生活中，也经常会出现自相矛盾的例子，只是隐藏得比较深罢了。比如，网络上的一些诈骗手法通常都是传授给你一些"赚钱本领"，这些"赚钱本领"不同于普通工作，似乎会让你轻松地达到"月入过万""月入十万"的目标。面对这巨大收益，在学这些"赚钱本领"时先交几十到几百元不等的"学费"似乎也就说得过去了，可是事情真的有这么简单吗？从逻辑的角度来分析，如果真的能够达到赚钱的目的，为什么不闷声发大财，又怎么会这么热情地"推荐"给陌生人，并且只收一小笔学费呢？这不正是自相矛盾吗！

11.2.3 都不是：不是星期一、不是星期二……不是星期天

有一个关于阿凡提智斗财主老爷的故事：话说阿凡提开了一家染布坊，得罪了当地的财主老爷。有一天，财主老爷来到阿凡提的染布坊里，对阿凡提说道："听说你的布染得好，能不能给我染这匹布？"阿凡提便问："您要染成什么颜色的？"财主老爷得意洋洋地对着阿凡提说："我要染一种很特别的颜色，它不是红色，也不是蓝色，也不是绿色，也不是紫色，更不是黑色和白色……这种颜色很特别，只有我见过，不知道你能不能染？"阿凡提想了想，便爽快地答应道："我当然能染，染完后保你满意。"财主老爷以为阿凡提中计了，便问道："那什么时候可以来取呢？"阿凡提回答："取的日期也是个特别的日子，它不是星期一，

不是星期二，不是星期三，不是星期四……更不是星期日。"财主老爷听了，只能灰溜溜地走了。

在上面这个故事中，可以发现，财主老爷设置的陷阱正是逻辑学中必须遵循的"排中律"，按照他的说法，表面看起来说了一堆条件，但实际上这种颜色是不存在的。财主老爷心想如果阿凡提答应了，到时候不能染出这样的布，便能够狠狠地为难他了。而阿凡提的回答也是巧妙地利用了排中律，不是一个星期中的任何一天，也就说明这一天根本不存在。虽然阿凡提答应了染布，但是财主老爷无法取布，也就不能为难阿凡提。

11.2.4　推不出：为什么先看到闪电再听到雷声？

"为什么先看到闪电再听到雷声？因为我们的眼睛在耳朵前面" "3与5相加得到8，3和5都是奇数，所以8是奇数" "水和干面粉能和成团，所以干面粉也能和成团" "过去三天都在下雨，所以明天一定会下雨" "硬币抛了四次全是正面，所以下一次也是正面"……

上面这些推理例子，由前提并不能推出给出的结论，这就违反了逻辑规律中的充足理由律，即由推理的前提并不能推出结论。比如，第一个例子只能是一个脑筋急转弯，但在逻辑上是行不通的，我们都知道这是因为光速比声速快得多；第二个例子中，3和5的和是偶数，不代表它们俩也是偶数，类似的还有第三个例子；第四个例子是将可能事件化为必然，也是理由不充足，类似的有第五个例子。

总之，在现实生活中，没有充足理由就进行推理的例子比比皆是，这时候需要加强个人的知识储备，以免将不充足的理由作为推理的前提。

11.3　逻辑规律的训练

11.3.1　泳池的公告

某对外营业游泳池更衣室的入口处贴着一张公告，称"凡穿拖鞋进入泳池者，罚款五至十元"。某顾客问："根据有关法规，罚款规定的制定和实施必须由专门机构执行，你们怎么可以随便罚款呢？"工作人员回答："罚款本身不是目的。目的是通过罚款来教育那些缺乏公德意识的人，保证泳池的卫生。"

上述对话中，工作人员所犯的逻辑错误与以下哪项出现的错误最为类似？

A. 管理员：每个进入泳池的同志必须戴上泳帽，没有泳帽的到售票
　　　　　处购买。

　　某顾客：泳池中那两位同志怎么没戴泳帽？

　　管理员：那是本池的工作人员。

B. 市民：专家同志，你们制定的《市民文明公约》共 15 条 60 款，
　　　　内容太多，不易记忆，可否精简？以便直接起到警示的作用。

　　专家：这次《市民文明公约》是在市政府的直接领导下，组织
　　　　专家组，在广泛听取市民意见的基础上制定的，是领导、
　　　　专家、群众三结合的产物。

C. 甲：什么是战争？

　　乙：战争是两次和平的间歇。

　　甲：什么是和平？

　　乙：和平是两次战争的间歇。

D. 甲：为了使我国早日步入发达国家之列，应该加速发展私人汽车工业。

　　乙：为什么？

　　甲：因为发达国家私人都有汽车。

E. 甲：一样东西，如果你没有失去，就意味着你仍然拥有。是这样吗？

　　乙：是的。

　　甲：你并没有失去尾巴。是这样吗？

　　乙：是的。

　　甲：因此，你必须承认，你仍然有尾巴。

【解析】正确答案是 B。本题考察了同一律。

分析题干信息。顾客的观点是游泳池管理方没有制定罚款规定的权限，更别说执行私自定下的罚款规定了。顾客这是从权限有无的角度来论证游泳池罚款规定是不合理的。而工作人员则表明了自己罚款的目的，没有正面回应顾客的质疑。显然，即使目的合理也不能代表其手段是合理的，比如，为了保证泳池卫生而设置罚款的规定。这是犯了"转移论题"的逻辑错误，违反了逻辑中的同一律。

接下来，分析各个选项。对于选项 A，管理者的话前后不一，犯了"自相矛盾"的逻辑错误，每个进泳池的人员都需要戴泳帽和工作人员不需要戴泳帽是互相矛盾的；对于选项 B，市民说的是公约的内容过多，而专家回应的是公约的制定过程，这是转移了论题，和题干中的逻辑错误是一致的，因此答案应该选 B。

再看其他选项，对于选项 C，乙的两次回答是循环反复的，因此都不能成为定义，这是犯了"循环定义"的逻辑错误；对于选项 D，发达国家私人都有汽车，并不意味着私人都有汽车了就是发达国家了，同时，这和汽车制造业也无必然联系，因此，这里面也是有逻辑错误的；对于选项 E，甲问题中的"一样东西"，并未表明这是本来就拥有的东西还是本来就没有的东西，本身就有歧义，而乙以为这个词表示的是本来已经拥有的东西，然后甲再举例一个例子，此时这个词表示的是本来没有的东西，这是犯了"偷换概念"的逻辑错误。

11.3.2 保护水资源

按照我国城市当前水消费量来计算，如果每吨水增收 5 分钱的水费，则每年可增加 25 亿元的收入。这显然是解决自来水公司年年亏损问题的好办法。这样做还可以减少消费者对水的需求，养成节约用水的良好习惯，从而保护我国非常短缺的水资源。以下哪一项最清楚地指出了上述论证中的错误？

    A. 作者引用了无关的数据和材料。

    B. 作者所依据的我国城市当前水消费量的数据不准确。

    C. 作者作出了相互矛盾的假定。

    D. 作者错把结果当作了原因。

【解析】正确答案是 A。本题考察的是矛盾律。

分析题干信息。题干中论证了增加每吨自来水收费的好处，给出了两个假定：一方面可以每年增加 25 亿元收入，解决自来水公司的亏损问题；另一方面可以减少消费者对水的需求，从而达到保护水资源的效果。仔细分析，就可以发现，对于第一个好处，只有在自来水总需求不降低的情况下，才能确保每年增加 25 亿元收入；而对于第二个好处，需要在自来水总需求下降的情况下，才能达到保护水资源的目的。显然，这两个好处是不能同时达到的，是相互矛盾的。因此，答案应该选择 C 选项。

11.3.3 节油型汽车

具有高效发动机的天蝎座节油型汽车的价格高于普通的天蝎座汽车。以目前的油价计算，购买这种节油型汽车需要开 6000 千米才能补足买其与买普通型车的差价。因此，如果油价下跌，在达到这个破平点之前就可以少走些路。以下哪项中的错误与上文最为类似？

    A. 真实储蓄利率是由储蓄利率减去通货膨胀率得到的，因此，如果通货膨胀率下降，在真实储蓄利率不变的情况下，储蓄利率也要降低相同的比例。

    B. 对食品零售店来说，与乙牌冰箱相比，甲牌冰箱能为负担额外的冰冻食品提供一个恒定温度，尽管甲牌冰箱的耗电量较大，但出售额外食品却能获得更多的利润。因此，如果电价下降，零售店就应当选择甲牌冰箱。

C. 用甲牌沥青比用乙牌沥青能使修路工人用更短的时间铺完一千米的路。尽管甲牌沥青的价格较高，但减少施工人员工作时间所省下来的钱是可以补足沥青价格差异的。所以，在劳动力价格低廉时，选择甲牌沥青更有优势。

D. 每年根据上市公司赢利状况的不同进行股票分红。债券则年年获得相同的利息，因此，由于债券利率在经济危机时并不下降，喜欢稳定收入的投资者应该选择投资债券。

【解析】正确答案是 C。本题考察了矛盾律。

首先，分析题干。按照目前油价，这种节油型汽车开 6000 千米所节省的油费才能平衡买车时的差价，也就是这样一个等式：6000 千米 × 每千米节省的油量 × 目前油价 = 买车时多出的差价。通过上述等式，可以发现：当油价下跌时，等式右边买车时多出的差价、每千米节省的油量是不变的，因此，为了确保等式成立，这款汽车的行驶里程必须多于 6000 千米，这和题干中"少走了些路"正好矛盾。因此，题干违反了矛盾律，犯了自相矛盾的逻辑错误。

接着，分析各个选项。对于选项 A，真实储蓄利率 = 储蓄利率 − 通货膨胀率，通货膨胀率下降，真实储蓄利率不变，因此，储蓄利率也应该下降相同比例，并无逻辑错误；对于选项 B，电价降低，那么甲冰箱多消耗的电量的花费也就降低了，意味着甲冰箱比乙冰箱多出的电力成本降低了，因此，此时选择甲冰箱是正确的；对于选项 C，劳动力价格较低时，那么减少施工人员工作时间所省下的钱就要少了，而此时，乙牌沥青的价格优势还在，因此，应该选择乙牌。这里也是犯了自相矛盾的逻辑错误；对于选项 D，债券的收益较股票稳定，因此适合喜欢稳定收入的投资者，也是符合逻辑的。

综合得到，只有选项 C 犯了自相矛盾的逻辑错误，因此，正确答案
应该选择 C。

11.3.4　校庆聚首

北大百年校庆时，昔日学友甲、乙、丙汇聚燕园。时光荏苒，他们
都功成名就，分别当上了作家、教授和省长。还知道：

(1) 他们分别毕业于哲学系、经济学系和中文系；

(2) 作家称赞中文系毕业者身体健康；

(3) 经济学系毕业者请教授写了一个条幅；

(4) 作家和经济系毕业者在一个省工作；

(5) 乙向哲学系毕业者请教过哲学；

(6) 过去念书时，经济学系毕业者、乙都追求过丙。

根据上面的信息，可以得到下列陈述哪个为真？

A. 丙是作家，甲是省长。

B. 乙毕业于哲学系。

C. 甲毕业于中文系。

D. 中文系毕业的是作家。

E. 经济学系毕业的是教授。

【解析】正确答案是 A。本题考察了排中律。

首先，根据排中律，由 (2) 可知，作家不是中文系毕业的；同样的，由 (4)
可知，作家不是经济系毕业的，再结合 (1)，从而得到作家是哲学系毕业
的。同理，由 (5) 可知乙不是哲学系毕业的，由 (6) 可知乙不是经济学系
毕业的，再结合 (1)，得到乙是中文系毕业的。

接着分析 (6)，得到丙只能是哲学系毕业的，也就得到丙是作家，而
且经济学系毕业者只能是甲。再由 (3) 可得，教授不是经济学系毕业的，

根据 (1) 得教授是中文系毕业的，也就是乙。最后，也就得到甲是省长。

再看各个选项，只有选项 A 是符合的。

11.3.5　识别机器人

某实验室一共有 A、B、C 三种类型的机器人，A 型能识别颜色，B 型能识别形状，C 型既不能识别颜色也不能识别形状。实验室用红球、蓝球、红方块和蓝方块对 1 号和 2 号机器人进行实验，命令它们拿起红球，但 1 号拿起了红方块，2 号拿起了蓝球。根据上述实验，以下哪项断定一定为真？

A. 1 号和 2 号都是 C 型。

B. 1 号和 2 号中有且只有一个是 C 型。

C. 1 号是 A 型且 2 号是 B 型。

D. 1 号不是 B 型且 2 号不是 A 型。

【解析】正确答案是 D。本题考察了排中律。

分析题干，A 型机器人能识别颜色，B 型机器人能识别形状，C 型机器人既不能识别颜色也不能识别形状，命令它们拿起红球，但 1 号拿起了红方块，根据排中律，能说明 1 号不能识别形状，所以 1 号不是 B 型；2 号拿起了蓝球，说明 2 号不能识别颜色，2 号不是 A 型。再看各个选项，只有 D 项是必定正确的，其余三项都不能确定真假。

第 12 章

对事物进行合理的预测：
假设

12

逻辑中不仅包含了对确定性事物的分析，也包含了对可能性事物的探索。假设是一种非常重要的分析方法，只有"大胆假设，小心求证"，才能将一些复杂的问题进行简化，直到得到最后的结果。

12.1　认识假设

假设是逻辑分析中的重要方法，通常是预设某个前提是成立的，再进行推理，从而得到相应的结论，而这个结论往往可以用来验证假设是否成立。假设这种方法可以说无处不在，对于解决很多问题都是必不可少的。

12.1.1　什么是假设

假设是什么？假设一定正确吗？什么时候适合运用假设的方法进行逻辑分析？如何在逻辑分析的过程中使用假设方法呢？怎么检验假设的正确性呢？

我们都知道，推理是从一些已知的客观事实或者科学原理出发，推理得到一个必定正确或者较为可靠的结论，然而假设和演绎推理有很大的区别，它只是从这些已知的事实或者原理出发，对未知的事物进行预设性的解释。因此，假设不一定是正确的，必须经过检验才能知道它的正确性。

正是因为假设具有灵活的特点，不像推理那般要求比较严谨，所以在条件比较多而且关系比较复杂的逻辑问题中，就非常适合运用假设的方法。在具体的逻辑问题中，先要根据已知的条件，尽可能地缩小需要假设的范围，也就是尽可能地做出最合理的假设。在进行一个假设之后，就可以把这个假设当作已知的条件，和问题中的条件一起进行逻辑推理，这点在前面的例子中也有体现。因此，在使用假设的方法时是离不开推理过程的。需要注意的是，假设的范围应该能够划分为有限个假设，否则就很难用假设的方法求解了，如图 12-1 所示。

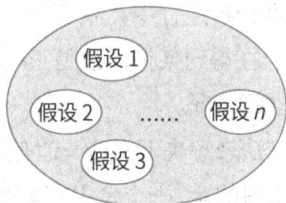

图 12-1　假设的个数应该是有限的

接着就是验证假设的正确性了，如图 12-2 所示，如果推理得到的结论符合题中的条件，也就意味着这是说得通的，没有违反逻辑规律，表明这个假设就是正确的。如果推理得到的结论和问题中某个已知的条件是相矛盾的，则说明违背了矛盾律，因此，这个假设是不成立的。总之，对于某一个逻辑问题，所有的假设都需要经过检验，如果无法检验，假设就没有多大的意义。

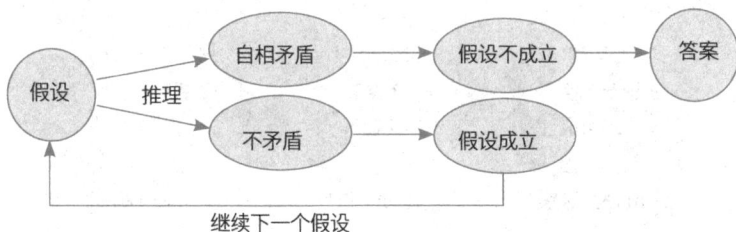

图 12-2　假设的检验

使用假设的方法时要注意些什么呢?

首先,需要对问题进行充分的分析,如果发现难以直接使用推理方法得到问题的答案,那就在分析的基础上,确定合适的假设范围。特别要注意的是,有些问题经过仔细分析就会发现可以直接由推理得到结论,这时候用假设法就显得多余了,因为假设往往要分析多种情况才能得到最终的答案。假设的范围,是可以根据问题中已知的条件进行限定的。

其次,需要注意,一次最好只进行一种情况的假设,以确保能够将问题简化。

最后,需要注意的是,在假设进行过程中,我们仍然可以进一步假设。也就是在某个假设的推理分析过程中,我们根据需要仍然可以使用假设的方法来进行逻辑分析。在得到某个假设是正确的时候,有时仍要继续进行假设,寻找其他成立的情况。

我们可以用假设的方法来解决下面这一道有趣的逻辑题目:

假设在桌上有三个密封的盒,一个盒中有 2 枚银币 (1 银币 =10 便士),一个盒中有 2 枚镍币 (1 镍币 =5 便士),还有一个盒中有 1 枚银币和 1 枚镍币。这些盒子被标上 10 便士、15 便士和 20 便士,但每个标签都是错误的。允许你从一个盒中拿出 1 枚硬币放在盒前,看到这枚硬币,你能否说出每个盒内装的东西呢?

这类问题,往往一时很难找到突破口,这时候就比较适合采用假设的方法。通过题干可以分析得到各个盒子中硬币的可能情况,如图 12-3 所示,接着不妨采用假设的方法进行分析:

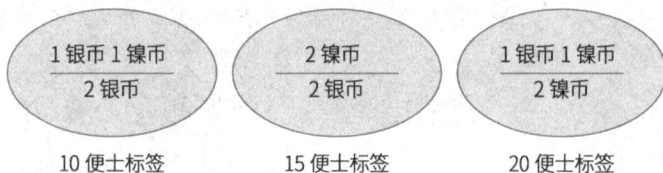

图 12-3 三个盒子的可能情形

假设 1：从标签为 10 便士的盒子中取出 1 枚硬币。由图 12-3 知，这个盒子中的 2 枚硬币只能是这两种情况：2 枚银币、1 枚银币和 1 枚镍币。进一步假设，如果取出的这枚硬币是银币，则并不能够得到剩下的 1 枚硬币是什么，因为它可能是银币，也可能是镍币；如果取出的这枚硬币是镍币，则得到另一枚硬币一定是银币。这也就说明，在这种假设的情况下，如果取出的是银币的话，并不能进行下一步的推理判断，也就更加没办法判断其他盒子里面装的是什么，不符合题干要求，因此这个假设是行不通的。

假设 2：从标签为 15 便士的盒子中取出 1 枚硬币。由图 12-3 知，这个盒子中的 2 枚硬币只能是这两种情况：2 枚银币、2 枚镍币。进一步假设，如果取出的这枚硬币是银币，那么也就得到这个盒子中的另一枚硬币一定也是银币，也就是这个盒子中装着 2 枚银币，进一步可以得到标签为 10 便士的盒子中只能是 1 枚银币和 1 枚镍币，而标签为 20 便士的盒子中只能是 2 枚镍币；如果取出的这枚硬币是镍币，那么也就得到这个盒子中另一枚银币一定也是镍币，也就是这个盒子中装着 2 枚镍币，进一步可以得到标签为 20 便士的盒子中只能是 1 枚银币和 1 枚镍币，而标签为 10 便士的盒子中只能是 2 枚银币。

因此，可以得到，只有从标签为 15 便士的盒子中取出一个硬币，无论取出的是什么样的硬币，都能推断出其他两个盒子中装的是什么。如果我们进一步假设从标签为 20 便士的盒子中取出 1 枚硬币，可以发现其情形和假设 1 类似，也是行不通的。

12.1.2　假设有什么用

假设最大的作用就是为人们提供了一种探求未知的方法。通过"大胆假设，小心求证"的方式，未知和已知可以轮回切换，人仍能将一些未知通过假设后的检验变为已知。如图 12-4 所示，在犯罪侦查的过程中，侦查员往往会先对案发现场仔细勘察并且通过调查得到各方面的案情材料，然后结合以往的侦查经验和一些基本的科学原理，对这个案件的发生过程作出合理的推测，比如，可能的犯罪人员、犯罪过程、犯罪动机等。本质上来说，这只是一个假设，侦查员需要继续侦查，直到找到犯罪的确切证据，才能证明这个推测（假设）是正确的。另外，如果继续侦查过程中发现不符合推测，就表明这个推测是错误的，需要重新推测。

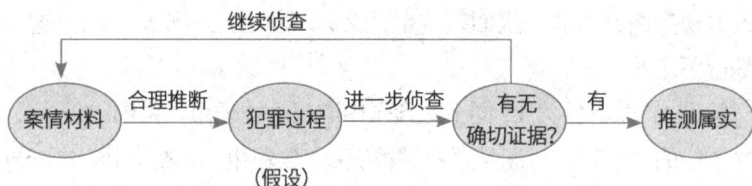

图 12-4　案件侦查中使用了假设

　　假设最重要的应用是在人类的认知领域。在现在的科学领域，除了能由已知的科学性原理推理能够必然确定的知识外，便只剩下了各种各样的假说了，因为科学领域的研究，需要对未知的事物保持高度的敏感，不断进行尝试性的探索，这些假说就是根据实验现象和现有的科学原理对未知事物做出的比较合理的解释。显然，这些假说事实上也是假设，只不过它们比古时候的人们的假设更具科学性。

　　这些假说对于科学的发展至关重要，它们突破了现有知识的边框，经过不断的实验检验，从而能够为人类知识的高楼大厦添砖加瓦。可以说，科学领域的各种假说是真正的"新知识"来源。现在几乎所有的科学理论的知识都是从假设得来的，可以这么说，没有假设，就不会有各个科学领域的理论知识。

　　总地来说，假设是人的一种重要的探索未知事物的方法。假设就是连接人类已知和未知的桥梁。

12.2 逻辑错误

12.2.1 荒谬假设：从 2+2=5 推出你是教皇

罗素是鼎鼎大名的逻辑学家，有人曾经出了一个难题刁难罗素：你能从 "2+2=5" 推出你是教皇吗？罗素笑了笑，想了一会儿就给出了自己的推理过程，如下：

(1) 假定 2+2=5；

(1) 将上述两边同时减 2，就可以得到 2=3；

(2) 将上述等式两边换位，就可以得到 3=2；

(3) 将上述等式两边同时减 1，就可以得到 2=1；

(4) 由于罗素和教皇是两个人，根据等式 2=1，就可以得到罗素和教皇是一个人，所以罗素是教皇。

在上面这个故事中，可以发现，这个推理是完全建立在假设的错误前提之上的，整个推断过程没有逻辑错误的，但推出的结论却十分离谱。这正是 "荒谬假设" 的可怕之处，如果假设的前提是错误的，那么不管经过多少步的推理，不管整个推理形式逻辑多么严密，甚至没有一丝纰漏，最后都只会得到一个错误、荒谬的结论。

因此，在现实生活中，不要轻易地做一些毫无根据的假设，更不要做一些已经被明显证实有误的假设，否则，不管经过多么辛苦的逻辑推理之后，也只会得到错误的结论。

12.2.2 混合问题：小孩的左臂上还是右臂上有胎记？

有一类和假设有关的逻辑错误，隐藏得比较深，并且是以提问的形式来进行的，但是问题中往往包含了某种预先进行的假设或者断论。这种逻辑错误就叫作 "混合问题"，很多时候用于试探对方，往往这个问题里面隐含了某个预设，如果对方基于这个问题进行正面回答，就会被默认接受了该问题的预设，因而很难再进行反驳了。例如：

两个妇女在抢一个小孩，谁都说自己不是偷小孩的贼，这个时候其中的亲生母亲就问道："如果你是小孩的亲生母亲，那你说，这个孩子的左臂上还是右臂上有胎记？"最后，小偷随便回答了一句："在左臂上。"结果亲生母亲拉开孩子衣服让大家看，左右手臂都没有胎记，小偷当场就暴露了。

在上面这个故事中，亲生母亲在提问时便已经包含了一种极具欺骗性的假设，即"小孩子的手臂上有胎记"，而小偷却没想到这个假设是错误的，因此，不管她是回答"左臂"，还是"右臂"，都等于默认了这个假设是正确的。接着亲生母亲再推翻刚刚的错误假设，这个时候，小偷的身份自然也就暴露了。

现实生活中还有一些诱导性的问题，比如，"你会不会再犯这种错误""你知不知道你刚刚做了一件蠢事""你接不接受这个正确的建议"等。这些例子都是诱导性的问题，并且在提问时就已经作出了某种断定，比如，第一句就已经包含了"你这次做的是错误的"这个前提在里面，只要正面回应这个问题，就等于承认了自己刚刚做的是错误的；类似的还有第二句和第三句。

总之，在生活中一定要警惕这种极具诱导性的混合问题，往往里面包含着某个虚假的假设或者某种主观断定，一旦正面回应这个问题，也就意味着承认了这里面的假设或者断定是正确的，也就落入了对方的圈套。同时，另一方面，我们也可以利用诱导性的提问来寻找自己想要的答案。

12.3 假设的逻辑训练

12.3.1 猜地图

地理老师画了亚洲、欧洲、美洲、非洲和大洋洲的图形，并给每个图形编了代号，然后请五个同学上来要求每人认出两个洲。同学们的回答都不一样，甲：3是欧洲，2是美洲；乙：4是亚洲，2是大洋洲；丙：

1 是亚洲，5 是非洲；丁：4 是非洲，3 是大洋洲；戊：2 是欧洲，5 是美洲。地理老师说："你们每人对了一半。"根据上述条件，下列判断中正确的是哪一项？

　　A. 1 是亚洲，2 是欧洲。

　　B. 2 是大洋洲，3 是非洲。

　　C. 3 是欧洲，4 是非洲。

　　D. 4 是美洲，5 是非洲。

【解析】正确答案是 C。推理过程如下：

　　题干中信息较多，一时难以找到直接的突破口，这时候可以采用假设的方法。不妨假设甲的前半句是正确的，也就可以得到 3 是欧洲；再根据戊说的，从而可以得到 5 是美洲；接着根据丁说的，从而可以得到 4 是非洲；接着根据丙说的，就能得到 1 是亚洲；最后结合乙说的，便得到 2 是大洋洲。完全符合题意，因此本题答案应该为 C 项。

　　如果假设甲的后半句是正确的，也就是 2 是美洲，接着由乙说的便能得到 4 是亚洲，同样，由丙说的便可得到 5 是非洲，由丁说的便可得到 3 是大洋洲，此时，欧洲只能是图形 1，从而得到戊说的都是错的，故假设不成立。

12.3.2　几人复习了数学

老师问学生：昨天你们有几个人复习数学了？

张：没有人。

李：一个人。

王：两个人。

赵：三个人。

刘：四个人。

老师知道，他们昨天下午有人复习，也有人没复习，复习了的人说的都是真话，没复习的人说的都是假话。那么，昨天这5个人中复习数学的有几个人？

A. 0

B. 1

C. 2

D. 3

【**解析**】正确答案是 B。推理过程如下：

五人说的话，给我们提供了假设的范围。因此，我们可以依次假设其中一人说的是真话：

假设张说的是真话，根据题干则得到没有人说的是真话，因此可以排除。

假设李说的是真话，则有一个人复习了数学，那么其他四人都说的是假话，这时候也就得到只有李一人复习了数学，符合题干条件，因此这个假设是正确的，从而可以选择答案 B。

对于后面三种情形，如果继续假设的话，就会发现都是错误的。

12.3.3 猜牌问题

S 先生、P 先生、Q 先生他们知道桌子的抽屉里有 16 张扑克牌：

红桃 A、Q、4；

黑桃 J、8、4、2、7、3；

草花 K、Q、5、4、6；

方块 A、5。

约翰教授从这 16 张牌中挑出 1 张牌来，并把这张牌的点数告诉 P 先生，把这张牌的花色告诉 Q 先生。这时，约翰教授问 P 先生和 Q 先生：

你们能从已知的点数或花色中推知这张牌是什么牌吗？　于是，S 先生听到如下的对话：

P 先生：我不知道这张牌。

Q 先生：我知道你不知道这张牌。

P 先生：现在我知道这张牌了。

Q 先生：我也知道了。

听罢以上对话，S 先生想了一想就正确地推出了这张牌是什么。请问：这张牌是什么牌？

【解析】这张牌是方块 5。推理过程如下：

首先，分析 P 先生说的"我不知道这张牌"。这句话表明 P 先生一开始并不能由自己知道的点数推断出这张牌的花色，也就表明这张牌的点数是出现多次的。假如是点数只出现一次的话，P 先生知道了点数便能知道这张牌了。因此，可以排除掉 16 张牌中点数只出现过一次的，也就是：黑桃 J、8、7、3、2；草花 K、6。从而得到这张牌只能是下列牌中的某一张：红桃 A、Q、4；黑桃 4；草花 Q、5、4；方块 A、5。

其次，分析 Q 先生说的"我知道你不知道这张牌"。这句话表明 Q 先生知道了 P 先生一开始不能依靠点数来猜出这张牌，也就表明 Q 先生根据自己的花色就知道了 P 先生的点数不是只出现一次的，从而可以得到 Q 先生的花色一定不是黑桃和草花。

假如 Q 先生的花色是黑桃的话，Q 先生无法确定 P 先生的点数是不是题干给出的 16 张牌当中只出现过一次的点数，也就无法断定 P 先生一定不知道这张牌，这与题干矛盾；同样的，花色是草花也会出现这种情形。也就得到了这张牌只可能是红桃 A、Q、4 和方块 A、5 当中的某一张。

再分析 P 先生说的第二句话"现在我知道这张牌了"。根据前面的结论，P 先生此时已经能够根据自己的点数猜出牌是上述某一张，因此，这张牌的点数在上面这些牌中应该是唯一的，也就是 Q、4 或者 5，否则 P 先生此时仍然没法猜出这张牌。从而说明这张牌只能是红桃 Q、4 或者方块 5 当中的某一张。

最后，分析 Q 先生说的第二句话"我也知道了"。根据前面的结论，这张牌对应的花色应该是唯一的，否则 Q 先生也无法依靠花色知道这张牌。因此，这张牌只能是方块 5。

12.3.4　这天星期几

男人在星期一、星期二、星期三说谎，在其他日子说真话；女人在星期四、星期五、星期六说谎，在其他日子说真话。某一天，一个男人和一个女人进行了以下对话：

男："昨天是我说谎的日子。"

女："昨天是我说谎的日子。"

那么，二人说话的这一天是星期几？

【解析】正确答案是星期四。采用假设的方法：

假设这一天是星期一，可以得到男人昨天说的是真话，但男人这天说的是谎话，因此他会说："昨天是我说谎的日子。"同样的，女人昨天和这天说的都是真话，因此女人会说："昨天是我说真话的日子。"与题干不符，故这天不可能是星期一。

假设这一天是星期二，可以得到男人昨天说谎话，这天也说谎话，故他会说："昨天是我说真话的日子。"这与题干不符，故这天不可能是星期二；类似地，可以得到这天不可能是星期三。

假设这一天是星期四，可以得到男人昨天说谎话，这天说真话，因此他会说："昨天是我说谎话的日子。"而女人昨天说真话，今天说谎话，因此她会说："昨天是我说谎的日子。"与题干完全相符，故这一天可能是星期四。

　　假设这一天是星期五，可以得到男人昨天和今天都说真话，因此，男人会说："昨天是说我真话的日子"。这与题干不符，故这天不可能是星期五；类似地，可以得到这天不可能是星期六和星期天。

　　综合上面的分析可以得到：这一天只能是星期四。

12.3.5　谁是凶手

　　小阳的妹妹是小蒂和小红；他的女友叫小丽。小丽的哥哥是小刚和小温。小刚、小阳、小蒂是医生，小红、小温、小丽是律师。这 6 个人中的一个杀了其余 5 个人中的一个。

　　(1) 假如这个凶手和受害者有一定的亲缘关系，那么说明凶手是男性。

　　(2) 假如这个凶手和受害者没有一定的亲缘关系，那么说明凶手是个医生。

　　(3) 假如这个凶手和受害者职业一样，那么说明受害者是男性。

　　(4) 假如这个凶手和受害者职业不一样，那么说明受害者是女性。

　　(5) 假如这个凶手和受害者性别一样，那么说明凶手是个律师。

　　(6) 假如这个凶手和受害者性别不一样，那么说明受害者是个医生。

　　请你根据上面的条件，猜猜谁是凶手，谁是受害者？

　　【解析】凶手是小蒂，受害者是小刚。推理过程如下：

　　首先，分析题干中给出的 6 个假设，不难发现，(1) 和 (2) 中的假设是互相矛盾的，其中只能有一个是成立的，同样的，(3) 和 (4) 当中也只能有一个假设成立，(5) 和 (6) 也是如此。我们可以采用逐步假设的方法：

　　假设 (1) 中条件成立的话，还不能推出确定的结论，因此需要继续假设，也就是假设 (1) 和 (3) 中条件都是成立的，这时候可以得到凶手和受害者都是男性，也就是 (5) 中的条件是成立的，这时候能够得到凶手是律师，并且与受害者是相同职业和相同性别，这与题干中只有一名男性律师相矛盾，因此这种假设情形是不成立的。

假设 (1) 和 (4) 中条件都是成立的，也就得到凶手是男性并且受害者是女性，这时候就能得到 (6) 中条件也是成立的，综合起来，能得到：受害者是女医生，凶手是男律师，也就是凶手是小温，然而题干中的女医生与小温之间无亲缘关系，这与 (1) 中的条件矛盾，因此，这个假设情形也是不成立的。

在假设 (1) 中条件成立的情况下，无论是 (3) 中的条件成立还是 (4) 中的条件成立，均会推出自相矛盾的结论，然而实际上 (3) 和 (4) 中是一定有一个条件成立的。因此可以得到，(1) 中的条件是不成立的，也就得到凶手和受害者之间没有亲缘关系。

由上述结论，(2) 中的条件是成立的，也就得到凶手是个医生。这时候结合 (5)，可以得到 (5) 的条件一定是不成立的，否则就会得到凶手是律师，这与前面的结论矛盾。因此，凶手和受害者性别一定不一样，根据 (6)，也就得到：受害者是医生。综合可以得到：凶手与受害者的职业是一样的，满足 (3) 中的条件，也就得到了受害者是男医生，即小刚，而凶手是女医生，即小蒂。这是依据推理得来的，并且没有假设的前提，因此这就是正确答案。

第 13 章

有理有据证明一个命题：论证

13

什么是论证？可以说逻辑学实际上就是一门关于如何正确论证的科学，论证当中包含了前面所提到的概念、命题、推理等，是逻辑学知识的综合运用。学会论证，就好比学会了怎样向别人传输自己的观点。

13.1 认识论证

论证是一个综合运用的过程，好的论证尤其需要比较强的逻辑能力。本节先是介绍了论证由哪些部分构成，接着介绍了一些常用的论证方法，这些方法和之前的推理方法差不多，最后介绍了论证的一些基本规则。

13.1.1 论证的构成

"这个小孩的身高肯定在 1.2 米以下。因为只有身高低于 1.2 米的儿童可以免票，而这个小孩不用买票，所以这个小孩的身高在 1.2 米以下。"

上面就是一个典型的论证。它运用了三段论的方法，如图 13-1 所示，根据"身高低于 1.2 米的儿童免票"和"这个小孩不用买票"这两个前提，从而确定了"这个小孩的身高肯定在 1.2 米以下"这个命题是成立的。只不过和三段论的推理过程相反，这个论证的过程先是给出了一个命题"这个小孩的身高肯定在 1.2 米以下"，然后用推理的方法来证明它是正确的。

图 13-1　上述论证中的三段论

　　类似上面的论证还有很多，实际上，在现实生活中，比如，法庭上律师的辩护、警察对案件的侦查等，这些都是通过严谨的论证来完成的。和我们息息相关的，比如，在我们说服别人或者和别人辩论的过程中，需要向别人阐述某个观点或者某种思想时，我们就经常用到各种各样、不同方式的论证。

　　总结起来，论证就是用一个或一些已知为真的命题并借助推理的过程来确定另一个命题的真实性的思维过程。通俗地说，论证就是用来加强某个观点、某种思想的。在逻辑学中，所有的论证都包含了三个部分：论点、论据和论证方式。这些都是构成论证所必需的三个要素，我们也可以根据这三个要素来判断某个过程是不是论证。

　　论点：也叫作论题，上述论证中"这个小孩的身高肯定在 1.2 米以下"就是其中的论点。论点，通常是一个表示某个观点的命题，而不能只是某个单独的概念。因为论点必须明确地表明这个论证所要证明的观点。论点一般放在论证的开头，用来表明作者的态度和观点。同时，后面的论据又要能够推出这个论点。

　　论据：上述论证中"身高低于 1.2 米的儿童可以免票""这个小孩不用买票"就是其中的论据。论据必须能够推出论点，放在推理过程中，论据就是前提，论点就是结论。通俗地说，论据就是用来证明论点的依据，它一般都是客观性的理论原理或者一些客观的事实或者数据等。

　　论证方式：上述论证是通过三段论推理的方式来完成的。论证方式是用来将论点和论据联系起来的方式，也就是论证过程中从论据到论点的推理方式，表达的是论据是如何来证明论点的。因为在一个论证中，论点和论据不应该是孤立的，就像一幢高楼不能只是一堆堆钢材、水泥、沙子等，而需要用一种方式将它们串联起来，从而构成一个论证的整体。

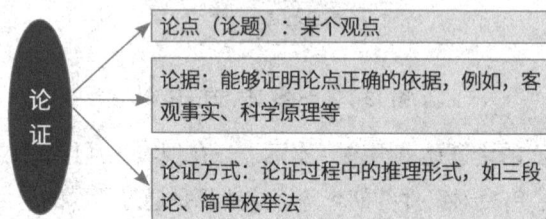

论点（论题）：某个观点

论据：能够证明论点正确的依据，例如，客观事实、科学原理等

论证方式：论证过程中的推理形式，如三段论、简单枚举法

图 13-2 什么是论证

总之，一个论证只能有一个论点，而不能有多个论点。但是，一个论证的论据既可以有多个，如本章前面的例子，也可以只有一个，特别要注意的是，有的论据是一些隐含的条件。有了论点和论据，才会有论证方式。而对于论证方式，它可以只包含一个推理形式，如本章前面的例子，也可以由多个推理形式一起组成论证方式，论证的含义如图 13-2 所示。

13.1.2 论证的方法

显然，从论证的三要素便可以得到，对于同一个论点，可以采取一个或者多个论据，同时还可以选择不同的推理形式作为论证的方式。因此，论证的方法是多样的。如图 13-3 所示，比较常用的有演绎论证、归纳论证、类比论证、因果论证，这种分类依据实质就是论证过程中的推理方式。

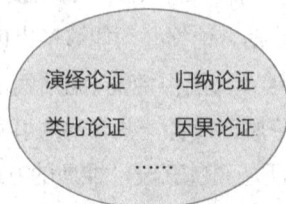

演绎论证　归纳论证

类比论证　因果论证

......

图 13-3 常见的论证方法

1. 演绎论证

其推理方式是演绎推理。这是一种由一般到个别的论证方法，并且论据和论点之间是有必然联系的，因而演绎论证的证明力度是上述这些方法中最强的。在演绎论证中，经常运用到三段论、假言推理、选言推理等多种形式，其中最经典的就是三段论的论证方式了。例如，本章之前给出的例子用的就是演绎论证的方法，并且采用了三段论的推理形式。下面的论证用的就是两难推理的论证方式：

"不要干那些犯罪的勾当。如果你干了一次，被发现了，进了监狱，那就会成为一辈子的污点；如果你干了一次，没被发现，那么你会心存侥幸，就会有下次或者下下次，总会被发现，也会进监狱的。因此，永远都不要干那些犯罪的勾当。"

2. 归纳论证

其推理方式是归纳推理。根据归纳推理的特征，归纳论证是由特殊到一般的论证方法。其中包含的推理可以是完全归纳推理，这时候这个论证是一定成立的。如果用的是不完全归纳推理中的简单枚举法，那么这个论证是有可能不成立的，也就是有或然性，这时候的论证力度并没有完全归纳推理和科学归纳法那么强。例如，下面这个论证用的就是完全归纳推理的方式：

"黄山的风景集五岳之美于一身。因为黄山有东岳泰山之雄伟，有南岳衡山之秀丽，有西岳华山之险峻，有北岳恒山之挺拔，有中岳嵩山之灵韵，所以，黄山集五岳之美于一身。"

3. 类比论证

其推理方式是类比推理。在类比论证中，有一类比较特殊的是比喻论证。根据类比推理的性质，这种方法也是或然的。类比论证也有自己的优点，比如，生动形象、容易理解。例如，下面的论证就使用的是比论证的方式：

"小白鼠非常适合做医药试验。因为小白鼠和人体的基因极为相似，如果某种医药对小白鼠有效果，那么这种医药极有可能对人类也有同样的效果。"

4. 因果论证

它揭示论据和论点之间的因果关系。因果论证其实是一种直接找原因的论证方法，论点是结果，论据就是原因。结合前面学过的探求因果关系的方法，可以得到，因果论证也是或然性的。例如，下面这个"王戎识李"的小故事，使用的论证方式就是因果论证：

王戎和小伙伴们在路边玩耍，发现路旁的李子树上结满了李子。这个时候，王戎的小伙伴们纷纷准备摘李子。王戎在一旁并未动手，小伙伴中有人问他："王戎，你怎么不来和我们一起摘李子啊？"王戎便回答："这李子应该是苦的。你们看，这李子树长在路边，来往的人很多，如果不是苦的话，那么这个时候肯定已经被人摘完了，可是，现在这棵李子树上面的李子好像并未减少，所以上面的李子应该是苦的。"有个小伙伴拿一颗刚摘下来的李子尝了尝，马上就吐了出来。果然，树上的李子是苦的。

需要注意的是，论证的方法还可以分为直接论证和间接论证。直接论证，很好理解，就是直接证明论点是正确的。而间接论证，就是我们通常用的反证法。我们要证明某个命题，先找到和它是矛盾关系的命题，假设这个命题正确，接着再根据假设进行推理分析，得到自相矛盾的结论，从而可以说明假设是错误的，也就证明了原来的命题是对的。这种论证的方法就叫做反证法。

"王戎识李"的故事，使用的也是反证法，先是假设李子是不苦的，由李子不苦，可以得到"李子会被人摘完"的结论，这与现在"满树李子"的事实相矛盾，因此假设"李子不苦"是错误的，从而得到与其矛盾的命题，也就是原来的论点"李子是苦的"是正确的。

13.1.3 论证的规则

像前面的三段论、归纳推理、类比推理等，都是有一定的逻辑上的规则的，论证也不例外，论证的形成也需要遵守规则，如图 13-4 所示。

1. 论点必须是明确的

在论证形成之前，首先要有明确的论点，特别是论点不能够有歧义，要理解到位，即要能够明确地知道自己需要论证的论点是什么，否则就会犯"论题不清"的逻辑错误了。另外，在论证的过程中，论点应该始终遵循同一律，而不能随意变换，否则就犯了"偷换论题"的逻辑错误了。

2. 论据必须是相关的

有了论点之后，在组织论据时，很多人往往都会犯这些错误：有些人将许多论据组织在一起之后却发现有很多前提对于推出论点毫无帮助，显得啰唆重复，废话较多，有些论据反而需要论证来证明，这时候往往是犯了"循环论证"的逻辑错误；甚至还可能出现，有的前提是对推出论点不利的，这就是"自相矛盾"了；还有些人将毫不相干的依据拿出来作为论据，这就是"论据不足"的逻辑错误了。因此，在选择论据时一定要简洁，要相关，但不能重复，要注意不能违反矛盾律，保持论证过程前后的一致。

3. 论证方式选择可靠的

前面我们学过几种论证方法，在论证的过程中，我们应该尽量选择可靠的方法。例如，如果使用演绎论证的方式，往往比简单的举例论证要更加可靠；如果不得不举例论证，则应该尽可能地从多个角度出发选择多个例子；还有，在类比论证中，应尽可能选择联系紧密的事物；在因果论证中，使用求异法比求同法更有说服力等。

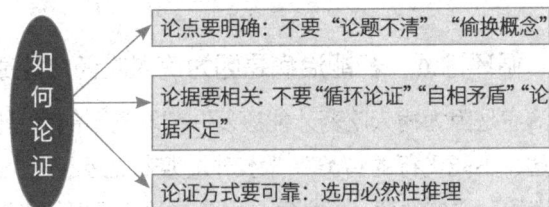

图 13-4　如何论证

13.2　逻辑错误

13.2.1　论题不清：到底是谁背约

春秋战国时期，秦国与赵国订了一个互助条约，条约规定：缔约国一方要干什么，另一方就要相助。不久，秦国便发兵攻打魏国，这时候秦国向赵国请求援助，谁知，赵国却要去救魏国。秦王很不高兴，就派使者责备赵王背约。赵惠文王便向平原君赵胜寻求建议，赵胜又向公孙龙寻求建议。公孙龙建议赵王也派使者去责备秦王背约，谴责秦国没有和赵国一样救魏国，而是攻打魏国。秦王很无奈。

为什么秦王会很无奈呢？就在于秦王论证赵国背约的同时赵国也可以论证秦国背约。因为赵国要救魏国，秦国却攻打魏国，这不也是违约了吗？！造成双方论证都站不住脚的原因就在于这份条约的措辞本身就含糊不清，它只是笼统地规定一方干什么另一方都要救助，而没有规定当双方意愿矛盾时该如何办，是依着秦国的意思办呢，还是跟着赵国的想法走。这就是论点不清的逻辑错误，各自都说对方背约，条约都不清楚，怎么进行合理的论证呢？！

因此，在现实生活中，当我们要对某个论题进行辩论时，首要的并不是证明自己的观点怎样正确，而是分析这个论题是不是有歧义。对于论题本身，双方必须能够形成明确的共识，否则，就好比这次争议中的秦赵双方，谁都能够说自己有理，谁都能够指出对方无理，这样的争辩是没有意义的。

13.2.2　循环论证：药能治病是因为病人吃药才能康复

"药能治病是因为病人吃药才能康复""鸵鸟不能飞是因为鸵鸟是一种双脚发达、不能飞行的鸟类""水对人类来说必不可少是因为水是人类的稀缺资源""这件商品真划算是因为这件商品很便宜"……

上面的论证看起来是不是有点奇怪呢？感觉说了一大堆，似乎全都没有说到点子上。从逻辑学的角度仔细分析，就会发现这些论证都有一个共同点：用来证明论点的论据，它们本身要么是和论点说的一回事，比如，"鸵鸟是一种不能飞行的鸟类""水是人类的稀缺资源""这件商品很便宜"；要么是其本身需要论点才能证明，比如，"病人吃药才能康复"。

像上述这些例子一样，用来证明论点的论据，其本身就是论点的重复或者需要论点来证明，这就是"循环论证"的逻辑错误。现实生活中，一般都是因为缺乏知识储备、不了解论点，才会发生这种"循环论证"的错误，因此，在论证的时候一定要对论点有充分的了解。

13.2.3　转移论题：不应该的事就不会做吗?

"这件事不会是他做的，因为作为两个孩子的父亲不应该做这事，他的两个孩子都还很小""这件衣服质量真差，因为它的价格有点儿便宜，当时是原价打五折买的""这个人一看就不是好人，因为他的身上有文身，两只手臂上面也有""学生作弊是可以原谅的，因为作弊的处罚太重了，难道因为一次作弊就要判处死刑吗""这个电影真好看，因为是和别人一起看的，后来还一起吃了饭"……

由上面这些论证的例子，可以发现，其中的论据和论点之间并没有必然的联系，比如，"电影好看"和"与别人一起看"；有些只是让人产生一种论点得到证明的错觉，比如，"衣服价格便宜"通常会让人觉得"衣服质量差"，有些人会觉得"有文身"就"不是好人"等。其实，在这些论证中，论据和论点完全处于两个不同的方面，论据并不能在逻辑上紧密地支持论点，比如：

第一个例子的"是不是"和"应不应该"，前者是事实判断，后者是价值判断，之后的论据"两个孩子还小"又是围绕"两个孩子的父亲"来进行的，和原来的论点"不会是他做的"更是没有关系；第二个例子中的"质量差"和"价格便宜"，前者说的是质量，后者说的是价格，之后的论据"打五折买的"也只能论证"价格很便宜"；第三个例子中的"作弊可以原谅"和"考试不重要",前者说的是作弊行为,后者讨论的是处罚的力度,接着的反问也只是加强后者……

总结得到,像上面这些例子,在论证过程中,使用的论据偏移了原来的论点,从而转移了人们对论点的注意力,并且形成了新的论点,之后又对这个新的论点进行了证明,这就是"转移论点"的逻辑错误。通过转移论点,往往能成功地将本来棘手的论点变成自己熟悉的新的论点,再对新论点进行论证,从而能达到加强论证力度的效果。然而,这在逻辑上是行不通的,转移论点后的证明看起来再有理、有力,其实也只是在狡辩而已。

13.2.4 论据不足:学习勤奋因为考前一周通宵复习

"听说你去了 A 公司,那里平均工资很高啊,所以你的工资也很高吧""那个班的平均成绩很高,你是那班的,所以你学习成绩肯定也很好""中午的太阳比早上的太阳离地更近,因为中午的太阳很热,而离得越近的发热物体就会感觉越热""中午的太阳比早上的太阳离地更远些,因为中午的太阳看起来很小,而离得越远的东西看起来越小""小明是个勤奋的学生,因为他在考试前一周通宵达旦地复习"……

上面这些论证的例子,看起来论据能够体现论点,但是事实上不是这样的。仔细分析便可以发现,论点和论据其实是处于两个不同的角度,比如,第一个例子中,论点是"个人的工资",而论据则是"总体的平均工资",这里犯了"诉诸平均"的逻辑错误;第二个例子中,论点是"个人成绩",论据是"总体平均成绩";第三个例子和第四个例子,论点是"天文级别的距离",而论据则是只适应"较短的距离范围";第五个例子,论点"勤奋"是一个长期性的描述,而"通宵学习"只局限于考前……

因此,上面这些例子中的论据和论点都处于不同的角度,论据不能起到支持论点的作用,这就是"论据不足"。现实生活中,在进行论证的时候,一定要考虑到论据的角度或者适应范围是不是和论点相符。

13.3　论证的逻辑训练

13.3.1　健康饮用水

自然界的水因与大气、土壤、岩石等接触，所以含有多种"杂质"，如钙、镁、钾、钠、铁、氟等。现代人趋向于饮用越来越纯净的水，如蒸馏水、纯水、太空水等。殊不知，长期饮用这种超纯净的水，会不利于健康。

下列选项最能支持上述论断的是哪一项？

A. 人们对饮食卫生越注重，人体的健康就会越脆弱。

B. 只有未经处理的自然界的水，才符合人体健康的需要。

C. 超纯净水之所以大受欢迎，是因为它更加卫生、口感更好。

D. 自然界水中的所谓"杂质"，可能是人体必需微量元素的重要来源。

【解析】正确答案是 D。分析过程如下：

首先，分析题干信息。论点：长期饮用超纯净的水，不利于健康。题中其他信息：自然界的水包含多种"杂质"。题中要求找出最能论证上述论点的选项。

其次，分析各个选项。对于选项 A，题中并未涉及"饮食卫生"这个概念，是无关选项，因此可以排除；对于选项 B，对应的等价命题是如果是经过处理的自然界的水，就不符合人体健康的需要，确实能够推出题干的论点；对于选项 C，题中并未涉及"卫生和口感"，这是无关选项，可以排除；对于选项 D，可以和题中的信息形成一个三段论的论证过程：因为自然界中的"杂质"是人体必需微量元素的重要来源，而超纯净水不含"杂质"，所以长期饮用不利于人体健康，能够论证题干的论点。

最后，综合可以得到：选项 B 和 D 均能够论证题干论点，但是可以看出选项 B 太过绝对，是荒谬的，不可能所有经过处理的水都不健康，并且题中强调的只是超纯净水，因此可以排除，最佳的选项应该是 D。

13.3.2 特效药物

据悉，科学家已在肝脏中找到了真正清除炎症细胞的"功臣"之——LSECtin。LSECtin 可以选择性地识别出被激活的炎症细胞，有效制止它们繁殖并抑制它们产生炎症因子。科学家利用最尖端的基因剔除技术，从动物机体内完全去掉 LSECtin，发现机体内的炎症细胞会明显增多，炎症因子也会随之急剧增加。人们由此推测，LSECtin 很有可能发展成为治疗肝脏炎性疾病的特效药物。

以下各项判断如果为真，则哪项最能支持上述推测？

A. 这项重要的研究成果进一步丰富了肝脏免疫学理论。

B. 肝脏能及时清除不断从血液中循环到肝脏的炎症细胞。

C. LSECtin 是迄今为止第一个被发现的在肝脏中有特异表达的免疫调控分子。

D. 患有急性肝炎的动物注入 LSECtin 后，发现其肝脏内的炎症因子明显减少。

【解析】正确答案是 D。分析过程如下：

首先，分析题干信息。论点：LSECtin 很有可能发展成为治疗肝脏炎性疾病的特效药物。要证明这个论点，实质上就要证明"LSECtin 对炎症因子有抑制作用"，现在只有一个论据：科学家从动物机体内完全去掉 LSECtin，得到机体内炎症细胞明显增多。现在，题目要求选择一个最能够支持论证题中论点的选项。

其次，分析各个选项。对于选项 A，显然题干并未涉及"肝脏免疫学理论"，是无关选项，可以排除；对于选项 B，肝脏能清除炎症细胞还不能说明是"LSECtin"起作用，因此，也可以排除；对于选项 C，是否是第一个被发现的也与其效果无关，同样可以排除，因此，只能选择 D 项。

D 项通过实验，在患肝炎的动物中注入 LSECtin，发现其肝脏内炎症因子明显减少，由共变法可以得到，LSECtin 的注入和肝脏中炎症细胞的减少有必然的因果关系，也就直接证明了 LSECtin 的作用，支持了题干推测。故答案选 D。

13.3.3 鉴别真假钻石

即使是最有经验的珠宝收藏家，也不会仅凭他们的肉眼鉴定来购买钻石，他们担心自己的眼睛会被赝品欺骗。既然最有经验的珠宝收藏家都无法凭肉眼将一件赝品和真的钻石区分开，那赝品就与真品具有同样的审美享受，这两件珠宝就具有同样的价值。

如果以下哪项陈述为真，将最强地支持上述论证？

A. 最有经验的珠宝收藏家也不能将赝品与真钻石区分开来。

B. 最有经验的珠宝收藏家只收藏那些更有审美享受的珠宝。

C. 一件珠宝的价值在很大程度上取决于市场的需要。

D. 一件珠宝的价值应该完全由它提供的审美享受来决定。

【解析】正确答案是 D。分析过程如下：

首先，分析题干信息。题干是一个论证过程，论点：真的钻石和赝品都具有相同的价值，而论据：最有经验的珠宝收藏家也无法仅通过肉眼来辨别钻石真假，所以真的钻石和赝品具有同样的审美享受，从而具有同样的价值。题干的要求是找到最能加强整个论证的选项。

其次，分析各个选项。对于选项 A，无法区分还不足以直接证明两者价值相同，因而可以排除；对于选项 B，收藏家的偏好和题干的论点没有关系，是无关选项；对于选项 C，价值取决于市场，而题干中需要论证真的钻石和赝品相等，因而也是无关选项；对于选项 D，价值取决于提供的审美享受，再结合题干中的论据"真的钻石和赝品有相同的审美享受"，根据三段论的推理能够得到论点"真的钻石和赝品具有同样的价值"，因此，正确答案应该是选项 D。

13.3.4 抑郁症的病因

患有抑郁症的人容易有自杀倾向，很多人认为抑郁症是一种心理疾病，20 世纪中期，医学研究发现，抑郁症自杀者大脑内有 3 种神经递质（血清素、去甲肾上腺素和多巴胺）的浓度低于正常人。医学家由此推测：这 3 种神经递质的浓度失衡导致了抑郁症。

如果以下哪项陈述为真，能给上述医学家的结论以最强的支持？

A. 抑郁症不仅是一种心理疾病，也是一种器质性病变。

B. 可能是抑郁症导致了大脑内上述 3 种神经递质的浓度失衡。

C. 女性和老年人是抑郁症的高发人群。

D. 针对上述 3 种神经递质而研制出的保持其浓度平衡的药物，对治疗抑郁症有效。

【解析】正确答案是 D。分析过程如下：

首先，分析题干信息。题干中包含一个论证过程，其论点：血清素、去甲肾上腺素和多巴胺这三种神经递质的浓度失衡导致了抑郁症，其论据是：抑郁症自杀者大脑内这三种神经递质的浓度低于常人。题干要求选择最能支持上述论证的选项。

其次，分析各个选项。对于选项 A，仅仅只是一个观点，并不能做题干中论点的论据，因此可以排除；对于选项 B，将题干中论点的因果关系倒置了，削弱了题干的论点，因而可以排除；对于选项 C，讲到抑郁症的高发人群，这与题干中论证的病因没有联系，是无关选项；对于选项 D，针对三种神经递质研发的药物对抑郁症有效，根据"穆勒五法"中的"求变法"，可以得知，三种神经递质就是抑郁症发病的原因，从而加强了题干论证，因此是正确答案。

13.3.5　沙蝇和老鼠

利什曼病是一种传染病，这种病是通过沙蝇叮咬患病的老鼠后再叮咬人而传播的。在某地区建设一个新的城镇时，虽然在该地区利什曼病和沙蝇都是常见的，流行病专家却警告说，加强灭鼠的力度以降低老鼠的数量，这种做法将弊大于利。

以上陈述如果真实，则以下哪项最好地证实了专家的警告？

A. 感染利什曼病的老鼠直接把病传染给人的机会很少。

B. 利什曼病在老鼠中的传染性比在人群中的传染性要强。

C. 不传染利什曼病的沙蝇对人类的健康危害不大。

D. 沙蝇只有在老鼠的数量不足时才会叮咬人。

【解析】正确答案 D。分析过程如下：

首先，分析题干信息。论点是"加强灭鼠力度将弊大于利"，可以得到的其他信息是：沙蝇可以传染这种病，因沙蝇叮咬而患病的老鼠也能够传播这种疾病，这个城镇里沙蝇和这种病都是常见的。可以看出，根据现有的这些信息并不能证明这个论点，因此题中的问题是要找到能够论证论点的选项。

其次，分析各个选项。对于选项 A，患病老鼠传染机会少，只能证明加强灭鼠对于控制传染病的利好没有那么大，并不能说明加强灭鼠就弊大于利，因此可以排除；对于选项 B，在老鼠中的传染性更强，也就证明了加强灭鼠对消灭这种传染病是很有帮助的，因此削弱了题干中的论点，可以排除；对于选项 C，题中并未提到过不传染这种病的沙蝇，这是无关选项，可以排除。

对于选项 D，沙蝇只有在老鼠不足时才叮咬人，根据题干，这个城镇有大量沙蝇，并且沙蝇可以传播传染病，也就说明加强灭鼠会导致大量的沙蝇叮咬人，从而加快传染病的传播速度，也就论证了专家的"加强灭鼠弊大于利"的观点。

第 14 章

否定别人的观点和论证：
反驳

14

反驳和论证在结构上很类似，只是证明的方向刚好相反，论证是证明一个命题或者观点是正确的，反驳则是证明对方的观点或者论证是错误的。在日常生活中，反驳经常和论证一起使用，相互配合。

14.1 认识反驳

反驳往往需要有敏锐的逻辑嗅觉，能够及时发现对方观点或者论证当中的纰漏。仅仅找到了纰漏还不够，还得组织能够反驳的依据，对对方的观点或者论证进行回击。本节主要介绍了反驳的结构和一些基本的反驳方法。

14.1.1 反驳的结构

"鲸鱼是一种鱼。不，鲸鱼不是鱼。因为所有的鱼都没有肺，而鲸鱼是用肺呼吸的。"

上述就是一个典型的反驳的例子，如图 14-1 所示。这个例子的反驳过程中使用了一个简单的三段论推理：其中"鲸鱼是用肺呼吸的"是小前提，而"所有的鱼都没有肺"是大前提，最后得到了"鲸鱼不是鱼"的结论，也就反驳了原来的观点"鲸鱼是一种鱼"。

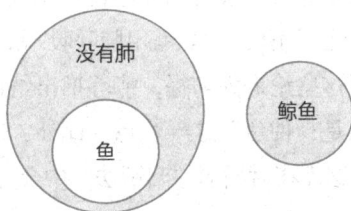

图 14-1　上述反驳中的三段论

　　总结起来，反驳就是用一个或一些已知为真的命题并借助推理的过程来确定另一个命题是假命题或者另外一个论证不成立的思维过程。通俗地说，反驳就是削弱对方的某个观点或者某种思想，找出对方论证过程中的疏漏或者错误。在逻辑学中，反驳的结构和论证是一样的，反驳的结构通常由三部分组成，如图 14-2 所示：被反驳的论点、反驳的论据和反驳方式。它们是构成一个完整的反驳所必需的三个要素，我们也可以根据这三个要素来判断某个逻辑分析过程是不是反驳。

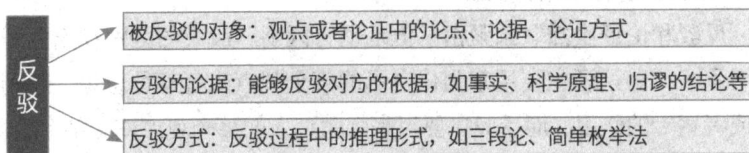

图 14-2　什么是反驳

1. 被反驳的对象

　　被反驳的对象可以只是单个的观点，也可以是对方论证中的论点、论据或者论证方式。在一个反驳过程中，后面反驳的论据都是围绕被反驳的对象进行推理的。比如，在上述例子中，"鲸鱼是一种鱼"就是被反驳的对象，它是单个观点。在反驳对方的论证过程中，反驳一个论据指的是证明这个论据是假的或者无关的，而反驳论证方式则是指出对方的论据和论点之间没有正确的逻辑联系。

2. 反驳的论据

反驳的论据指的是进行反驳的依据。它可以是一些已知的事实材料或者科学原理，例如，上述论证中"鲸鱼用肺呼吸"和"所有的鱼都没有肺"就是反驳的论据。以这些论据为前提，能够推出结论"鲸鱼不是鱼"，从而能够反驳"鲸鱼是一种鱼"这一观点。此外，也可以是能够证明对方自相矛盾的结论，这点在后面的"归谬法"中会详细讲到。

3. 反驳方式

反驳方式指的是在反驳的过程中使用的推理形式。它是将被反驳的论点和反驳的依据连接起来的方式，从而构成一个反驳的整体。在本节开头的例子中，它的推理形式实质上是演绎推理中的三段论。

从上面可以看出，反驳和论证在本质上是相同的，两者都是要通过推理来完成的。可以说，反驳就是一种特殊的论证。当我们反驳的对象是一个命题时，实质上是论证与它相矛盾的另一个命题。例如，本节开头的例子，也可以看作是对"鲸鱼不是鱼"的一个论证。在很多情况下，反驳和论证都是围绕某一个话题同时运用的，既要论证自己的观点，又要反驳对方的观点或者论证。

反驳和论证虽然联系紧密，但是也有区别。最大的区别在于两者的作用不一样。论证主要用来强化自己的某个观点或者某种思想，起到阐释或者宣传的作用，而反驳主要用来削弱别人的某个观点或者某个论证，起到揭露纰漏和错误的作用。在一个争辩过程中，论证的立足点在于自己的观点和思想，反驳则立足于对方的观点和论证的过程。另外，反驳比论证更加灵活，对象也有更多选择，形式也可以更多样。

14.1.2 反驳的方法

反驳有哪些方法呢？我们可以根据反驳的过程和得到的效果将其分为直接法、间接法和归谬法，如图 14-3 所示。

1. 直接法

直接引用已知的事实或者原理进行反驳。直接法当中可以运用演绎推理，也可以运用归纳推理，比如，用简单枚举的方法，举一个反例，从而可以直接说明对方的论点是错误的。通常，简单枚举法是一种简便、快捷的反驳方法，例如：

"所有的鸟都会飞。不，鸵鸟是鸟，但它不会飞，而用双腿奔跑。"

在这个例子中，一个反例就足以推翻要反驳的观点，这种反驳的方法是不是很简便、高效呢？

2. 间接法

论证与对方的论点矛盾或者相反的命题是正确的，也就得到了这个论点是错误的，从而达到了反驳的目的。间接法正是利用了逻辑规律中的排中律，因为论证正确的命题和对方的论点是矛盾或者相反的，这两个不能同时都是正确的，只能是对方的论点是错误的。例如：

"这个数是正数。不，这个数小于 0，因而它是负数，所以它不是正数。"

3. 归谬法

先假设对方的论点是成立的，然后按照对方的逻辑进行分析和推理，最后得到一个自相矛盾的或者荒谬的结论，这样也就说明了假设是不成立的，也就有力地反驳了对方的论点。归谬法类似于反证法，使用了假设的方法，利用了逻辑规律中的矛盾律，由对方逻辑在推理分析中出现前后矛盾的现象，也就得到了对方的逻辑是错误的。这是一种"以牙还牙"的反驳方法。

"施肥越多，庄稼长得越好。不，如果施肥过多的话，会导致土壤溶液的浓度过高，这个时候，就会烧伤根系，让庄稼枯萎，怎么会是长得越好呢？"在这个反驳的过程中，先是假设对方的观点是正确的，然后通过推理却得到了"庄稼枯萎"的相反结论，从而反驳了"施肥越多，庄稼长得越好"的观点。

总结起来，我们可以发现归谬法在反驳时比前两种方法更加简单，更容易理解，反驳力度也很大。因此，在反驳的时候应用归谬法是非常不错的选择。但是，需要注意的是，使用归谬法一定要能够"归谬"，即先假设后推理得到的结论一定要是和反驳的观点相矛盾的。

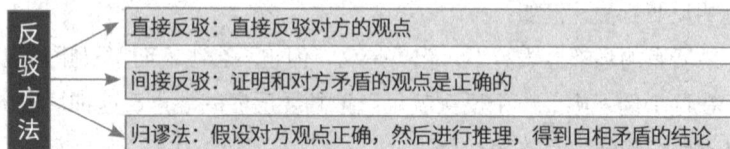

反驳方法	直接反驳：直接反驳对方的观点
	间接反驳：证明和对方矛盾的观点是正确的
	归谬法：假设对方观点正确，然后进行推理，得到自相矛盾的结论

图 14-3　主要的反驳方法

14.2　逻辑错误

14.2.1　草人谬误：按照你的意思……

"你说在公众场合不应该吸烟，按你的意思，在公众场合就不能有个人的喜好了，既然这样，那么，在公众场合下也不应该看书，这不很荒谬吗""学生不应该补课。不，学生的义务就是学习，难道学生不要学习了吗""小孩子最好在家待着，在外面跑来跑去太危险了，不，你难道要把小孩子关起来，不让他们呼吸外面的新鲜空气吗""官员应该将个人财产公布于众。这是不对的，你的意思是官员就不能有隐私了吧？这是侵犯他们的隐私权"……

上面这些反驳的例子，说起来似乎有理，但是总觉得不是正面的辩驳，看起来虽有辩驳的气势，却无法让人信服。我们可以发现，这些例子中基本都有"按你的意思""你的意思是……"这些字眼，之后才是辩驳的开始。而之所以有中间这一步，并不是对反驳的论点的复述，而是一种歪曲，然后再对这个歪曲后的论点进行有力的反驳。现在来分析前面四个反驳的例子：

第一个例子中，"公众场合不允许吸烟"变成了"公众场合下不能有个人的喜好"，然后搬出"公众场合下不能看书"这个归谬得到的结论来进行反驳，但是原来的论点"公众场合不允许吸烟"并不意味着"不能有个人喜好"，因为不允许吸烟的根本原因在于吸烟对旁人的健康产生危害，这与吸烟是否是个人喜好无关。显然，这明显歪曲了原来要反驳的论点。既然反驳的论点已经被肆意歪曲了，之后的论证再有理有力也就不能起到真正反驳的效果了。同样的，在第二个例子中，"学生不应补课"被歪曲成"学生不用学习"了；第三个例子中，"不让小孩子在外面跑"被歪曲成"不让小孩子呼吸外面的新鲜空气"；第四个例子中，"官员财产公布于众"被歪曲成"官员隐私权被完全剥夺"……

　　总结一下，像上面这些反驳一样，有意将要反驳的论点歪曲成另一个相对容易反驳的论点，然后对其进行反驳，这就是"草人谬误"。因为这种反驳就如同在对付一个虚假的草人，并不能真正击中对手。"草人谬误"在辩论中经常看到，往往都是虚张声势。我们在辩论时，最好不要心存侥幸使用这个招数，一旦被抓住，整个反驳过程就都是"竹篮打水一场空"了；同时，在分析对方的反驳时，一定要把握住自己的论点，不要轻易被对方歪曲自己的观点。

14.2.2　特例反驳：人家不也吸烟吗？

　　"吸烟对身体不好。不，人家邓爷爷也抽烟，还活到 90 多岁高寿呢""考前不要玩游戏。不，我们班小明上次考试前也在玩游戏，最后人家考了第一名""这家公司待遇很差。不，听说里面的总经理年收入很高呢""说白了，这个抽奖活动就是诈骗。不，我看到有一个人上台领了一部 iPhone6"……

　　上面这些例子都是采用举例反驳的方法，在生活中很常见。但是在这些例子中，可以看出它们都是特意选择举出一个特殊的、极端的或者事实未经考究的例子，以这个例子来达到反驳的目的。显然，这种反驳，必然不能让对手心服口服。比如：

　　第一个例子中"吸烟对身体不好"这个论点是从整体出发的，而反驳的例子只是特殊的个例，并不能掩盖掉许多吸烟的人的身体越来越差这一事实，不具备代表性，显然这是无力的反驳；第二个例子中举出"小明考前玩游戏得第一名"的例子，前后两件事并不是必然的因果关系，其原因可能是小明早就复习好了，和别人不处于同一备考阶段，因此，这个反驳也是不科学的；第三个例子中论点是从平均待遇出发的，反驳举例"总经理收入高"，这个特殊个例明显有失偏颇；第四个例子，反驳的论据别说只是个例，就连真假性都还需要考究，或许有可能还是一个团伙的呢。

总结一下，像上述这些反驳一样，举一些极端的、特殊性或者真实性存疑的例子，并不具备代表性，这种"特例反驳"的方法是不可取的。在现实生活中，举例反驳是一种常用的也很简单的反驳手段，但一定要注意所举的例子有没有代表性，是不是真实的。

14.2.3 人身攻击：因为你根本就不懂逻辑

"我刚刚的想法是对的。不，因为你智商不高，所以你想的是错的""我刚刚说的是符合逻辑的。不，因为你根本就不懂逻辑，所以你说的是不符合逻辑的""这部电影很好看。不，它的导演是个伪善的人""吸烟有害健康。不，你过去不也吸烟吗""你要好好学习。不，你小时候不也没好好学习吗"……

在上面这些反驳的例子中，可以发现都有一个共同点：其反驳的论据是某一件事，但是反驳用的论据却是和对方这个人扯上关系了，这也就是典型的"对人不对事"或者"因人废言"的做法。例如，在第一个例子中，论据并未从"想法"本身进行讨论，而是攻击对方"智商低"，从而得出"想法是不对的"这个结论；第二个例子，同样没从逻辑上进行考究，指出其中的逻辑错误，而是从"对方不懂逻辑"来进行论证；第三个例子，明显地将事情牵扯到对方身上，有人吸烟不代表这个行为就是正确的，类似的还有第四个例子。

总结一下，像上面这些反驳的例子一样，将注意力从反驳的论点引到对方身上，企图以对方的人格、地位、处境等来作为反驳的依据，这就是"人身攻击"。人身攻击在逻辑上是荒谬的，因为反驳的依据和要反驳的观点之间并没有必然的联系。

14.2.4　诉诸怜悯：迟到不对但我昨天感冒了

"你迟到了。不，我知道迟到不对，但是昨天我感冒了，很难受，今天才不小心睡过头了，这才会迟到的""你这次考试没及格。不，我其实能及格的，因为我吃坏了东西，肚子不舒服，做题的时候太难受了""你交的这份报告不行。不，这是我熬了一个星期的夜才赶出来的，每天只睡四个小时"……

上面这些例子，在生活中也是经常发生。这其实也可以看做一种反驳，只不过这种反驳依据的是人们的一种怜悯心态，其论据往往是一些比较"悲惨"的个人境遇，企图以此来激发对方的恻隐之心，从而达到改变对方的观点的目的。这是一种非典型但很常见的反驳。在上面这些例子中：

第一个例子中"迟到"是以客观的时间标准作为依据的，而"我感冒了，睡过了头"这是个人的主观遭遇，因此，这类反驳只能求得原谅，并不能改变客观上已经迟到的事实。同样的，第二个例子中"考试没及格"和"肚子不舒服"也是不能构成逻辑上的反驳关系的。类似的还有第三个例子，"报告不过关"和"报告是熬夜一星期完成的"也关系不大。

总结一下，像上述例子一样，通过各种解释来激起对方的恻隐之心，以求让对方改变原来的观点，接受自己的结论，这种方法就是"诉诸怜悯"，这在逻辑上是站不住脚的，因为它们忽视了基本的客观事实。

14.3　反驳的逻辑训练

14.3.1　法律禁烟

最近实施的一项历史上最严格的禁止吸烟的法律，虽然尚未禁止人们在家中吸烟，却禁止人们在一切公共场所和工作地点吸烟。如果这项法律得到严格执行，就会彻底保护上班人员免受二手烟的伤害。

如果以下哪项陈述为真，能有力地削弱上述论证？

A. 上下班的人员吸入的汽车尾气要比吸二手烟的危害大得多。

B. 诸如家教、护工、小时工等人员都在雇主的家里上班。

C. 任何一项立法及其实施都不能完全实现立法者的意图。

D. 这项控制吸烟的法律过高地估计了吸二手烟的危害。

【解析】正确答案是 B。分析过程如下：

首先，分析题干信息。题干中包含一个论证，其论点是：这项法律会保护上班族人员免受二手烟的伤害，其论据是这样的：法律虽然没禁止在家中吸烟，但禁止在公共场合和工作地点吸烟。现在题干问的是哪项最能反驳这个论证。

其次，分析各个选项。对于选项 A，讲到了汽车尾气和二手烟的危害，和题干论证没有联系，是无关选项；对于选项 B，家教、护工、小时工等人的上班地点在雇主家里，按照法律，家里不禁烟，如果雇主吸烟的话，这些人就能吸到二手烟，并且他们也是上班族，这正好推翻了题干中"这项法律能保护上班族不吸二手烟"的论点，构成了对题干论证的有力反驳；对于选项 C，"立法者的意图"和题干论证无关，是无关选项；对于选项 D，同选项 A 一样，是无关选项。

最后，综合上述分析，可以得到，只有选项 B 才能构成对题干论证的有力反驳，因而 B 是正确答案。

14.3.2　恐龙不冷血

所有的恐龙都是腿部直立地"站在"地面上的，这不同于冷血爬行动物四肢趴伏在地面上；恐龙的骨组织构造与温血哺乳动物的骨组织构造相似；恐龙的肺部结构和温血动物非常相近；在现代的生态系统中（例如，非洲草原），温血的捕食者（例如，狮子）与被捕食者（例如，羚羊）

之间的比值是一个常数，对北美洲恐龙动物群的统计显示，其中捕食者和被捕食者之间的比例与这个常数近似。这些都说明恐龙不是呆头呆脑、行动迟缓的冷血动物，而是新陈代谢率高、动作敏捷的温血动物。

以下哪项如果为真，最不能反驳上述推理？

A. 有些海龟骨组织构造与哺乳动物类似，却是冷血动物。

B. 鲸类等海生哺乳动物并不是直立的，却是温血动物。

C. 关于北美洲恐龙动物群捕食者和被捕食者比例的统计有随意性。

D. 冷血动物和温血动物生理结构上的主要差别在于心脏结构而非肺部结构。

【解析】正确答案是 B。分析过程如下：

首先，分析题干。题干是一个论证，论点是：恐龙不是冷血动物，而是温血动物；论据有恐龙的腿是站立的、骨组织与哺乳动物相似、肺部结构与温血动物相似、常数和温血动物相似；论证方式应该是类比论证。题目要求选择最不能反驳这个论证的一项，也就是要排除最能够削弱这个论证的三个选项。

其次，分析各个选项。对于选项 A，通过冷血动物海龟的骨组织与哺乳动物相似的例子，说明了骨组织与哺乳动物相似不代表着就是温血动物，这就反驳了题干论证中关于骨组织的论据；对于选项 B，鲸鱼不是直立的，却是温血动物，这只能说明温血动物不一定是直立的，并不能反驳题干的论证。对于选项 C，指出来关于北美洲恐龙动物群捕食者和被捕食者比例存在问题，不一定是准确的，也就是反驳了题干论证中的关于常数的论据；对于选项 D，表明肺部结构和冷血动物与温血动物之间的差别没有必然的联系，从而反驳了题干论证中关于肺部结构的论据。综合可以得到，答案应该选择 B。

14.3.3 阅读的好处

我的大多数思想开放的朋友都读了很多书，我的大部分思想不开放的朋友就不是这样。你读的书越多，你就越有可能遇到新思想的挑战，你对自己思想的坚持就会被削弱，这种说法是有道理的。阅读还把你从日常生活中解放出来，向你展示生活的多样性和丰富性。因此，阅读使人思想开放。

如果以下陈述为真，哪一项将最有力地削弱上文中的结论？

A. 某人爱读文学作品，特别爱读诗歌，后来自己也写诗，现在是一位很有名的诗人。

B. 有人读了很多书，每读一本书都觉得有道理，不同的道理老在脑袋里打架，都快变成疯子了。

C. 如果只选择性地阅读特定类型或有特定观点的书，很可能读得越多越偏执。

D. 有些人读书喜欢把自己带入进去，读《红楼梦》时就觉得自己是林黛玉或者贾宝玉。

【解析】正确答案为 C。分析过程如下：

首先，分析题干信息。题干是一个论证过程，其论点是：阅读使人开放，其论据是：大多数思想开放的朋友读了很多书，而大部分思想不开放的朋友没读很多书，读书越多就越能接受新的思想，并且阅读展示了生活的多样性和丰富性。题干要求选择最能反驳这一论证的选项。

其次，分析各个选项。对于选项 A，某人从爱读文学作品到成为诗人，只是个例，和题干论证没有太大关系，可以排除；对于选项 B，读了很多书容易产生互相冲突的观念，并没提及思想是否开放，因此可以排除；对于选项 C，只读特定类型或者特定观点的书，从而读得越多思想越固执，和题干论点"阅读使人思想开放"正好是相反的，因而可以削弱题干论证；

对于选项 D，读书的感受和题干论证无关，是无关选项。

最后，综合上面分析，只有选项 C 能够削弱题干中的结论，因而是正确答案。

14.3.4　消除鼠患

近几十年来，人们发明了各种各样的药物来毒杀老鼠。可是人们发现，在一些老鼠经常出没的地方放置老鼠药的方法越来越没有效果，无论是人们将药物添加到对于老鼠来说多么美味的食物之中，老鼠都会对这些送来的"美味"置之不理。根据这一现象，得到的可能解释是：老鼠的嗅觉异常灵敏，它们能从任何复杂的气味中辨别出对它们有害的物质。

下列哪项能最强有力地表明上文中最后一个解释是错误的？

A. 老鼠很少去那些曾经放置过老鼠药的地方活动。

B. 老鼠在进食之前对任何食物进行取样并品尝其中是否有有毒物质。

C. 科学家经过一系列试验，证明有的老鼠对于一些药物已经产生抗药性。

D. 将没有添加任何药物的粮食放在先前放置过药物的地方，老鼠也不会去动这些食物。

【解析】正确答案是 B。分析过程如下：

首先，分析题干信息。题干是一个论证过程，论点是：老鼠可以从复杂气味中辨别出对它们有害的物质；论据是：老鼠始终不吃放在经常出没的地方添了鼠药的食物。题目要求选择一个选项，能够最强有力地表明上述论点是错误的，显然，就是要我们选择最能反驳上述论点的一个选项。

其次，分析各个选项。对于选项 A，老鼠很少去曾经放置过老鼠药的地方活动，这与题干中的论点并没有联系，因而可以排除；对于选项 B，老鼠进食前先从食物中取样，如果有毒，就不会再进食，表明老鼠可以通过这个办法来辨别食物中是否含有对它们有害的物质，这是老鼠不碰那些加了鼠药的食物的主要原因，从而反驳了题干中的论点。

对于选项 C，老鼠产生抗药性与是否能从气味中辨别有害物质之间没有联系，这是无关选项，可以排除；对于选项 D，得到的结论只能是老鼠不会去曾经放置过老鼠药的地方活动，与题干的论点没有什么联系，从而可以排除。

最后，综合得到，答案只能选择 B 选项。

14.3.5 黄色的冰块

提起极地冰，很多人眼前总是浮现出一幅洁白无瑕、晶莹剔透的景观。然而，在北纬 71°、西经 168° 附近的北冰洋海域，"雪龙"号首次驶入一片"脏"冰区，只见一块块淡蓝色的浮冰中间夹杂了许多脏兮兮的黄色冰块，这种黄色冰块，既出现在当年的新生冰块上，也出现在多年冰块上。对于"人类造成的污染已经殃及极地浮冰"的说法，有专家解释说这只是生活在极地冰中的一种特有生物——黄褐色的冰藻。

如果以下各项为真，能够反驳专家上述观点的是哪一项？

A.在新生冰块上形成冰藻需要多年。

B.北极冰中生长有冰藻并不是普遍现象。

C.近年来人类踏上北极的次数逐年增加。

D.北冰洋周围的陆地常有沙尘天气。

【解析】正确答案是 A。分析过程如下：

首先，分析题干信息。题中专家的论点是：黄色冰块是因为冰中生活着黄褐色的冰藻。题中其他关键信息有：黄色冰块既出现在新生冰块上，又出现在多年冰块上。而题目的要求是选择能够反驳上述论点的选项。

其次，分析各个选项。对于选项 A，在新生冰块上形成冰藻需要多年，再根据题干中已知信息"有黄色冰块出现在新生冰块上"，经过三段论推理便可得到，这些新生冰块上的黄色冰块不可能是冰藻造成的，也就反驳了题干中专家的论点，因此，答案可以选择 A 选项。

再看其他选项，对于选项 B，题干中并未说明黄色冰块是否在北极冰中呈普遍现象，无法根据此选项反驳题干中的论点；对于选项 C，题干论点和人类踏上北极的次数毫无联系，是无关选项；对于选项 D，沙尘天气和黄色冰块之间并没有必然的联系，无法据此来反驳题干论点，是无关选项。